日経文庫
NIKKEI BUNKO

Q&A
いまさら聞けないテレワークの常識

武田かおり・中島康之

日本経済新聞出版

はじめに

「テレワークって電話でする仕事ですか？」「テレアポみたいなものですか？」

筆者らが、テレワークにまつわる相談にかかわるようになり、もう20年以上になります。ただ当時は、そんな質問を受けるほど、テレワークの知名度は低いものでした。勉強しようにも、参考になる図書や文献もほとんど見当たらず、『テレワーク世紀——働き方革命』（W・A・スピンクス著、１９９８年）等を入手し、テレワークのことを学びました。

２００９年にテレワークの効果や問題解決方法を示した『在宅勤務』（全国労働基準関係団体連合会）を共著で執筆しましたが、当時はインターネット環境も現在ほど進んでおらず「テレワークする業務はない」「従業員がサボるのでは」となかなか普及しませんでした。

あまり知られていませんが、安倍晋三前総理大臣は２０１３年の「世界最先端ＩＴ国家創造宣言」において、２０２０年までに「テレワーク導入企業数を3倍（12年度比）」「雇用型在宅型テレワーカー数を全労働者数の10％以上」という目標を閣議決定しています。東京オリンピック開催決定を受けて政府の働きかけは大きくなり、首都圏の感度の高い企業を中心にテレワーク普及率は徐々に伸びてきたところでした。その普及の大きなきっかけとなったのは予期せぬ新型コロナウイルス感染症拡大です。

ところが、緊急事態宣言発令直後の20年4～5月をピークに、通常勤務に戻る企業も多くみられました。「書類に押印が必要だからやっぱり出社しなくては」「生産性が落ちる」「コミュニケーションが減ってやりづらい」……メディアやインターネット上では、ネガティブなものも含め、テレワークにまつわるさまざまな声があふれるようになりました。

ここで浮き彫りになったものに、ICT環境や社内体制の不備、日本が「印鑑社会」「はんこ文化」であることなど根本的な問題があります。20年9月に発足した菅内閣では、「デジタル庁」の創設を掲げ、喫緊の課題として新型コロナウイルス禍で多くの企業がテレワークの阻害要因として挙げた「紙」「印鑑」社会の解消に向けて素早く行動をとりました。

諸外国に比べ遅れていた日本のデジタル社会は、政府主導で大きく変わろうとしています。ここから本格的なテレワークの時代がやってくると私たちは考えています。一時的なものではなく、恒常的にテレワークを行うことで社内を社会を良くする時代がきます。

もちろん、まだまだテレワークへの移行が難しい業務や職種は多数あります。しかし、テレワークが可能であるにもかかわらず、導入を検討しない、制度を作らない状態を続けることは、企業のＢＣＰ（事業継続計画）対策や人材確保においてかなり致命的だと筆者らは考えています。また、「生産性が下がる」「コミュニケーションが減って社内のモチベーションが落ちる」という思い込みで通常のオフィス勤務を続けている企業があるとしたら、もしかするとそれは適切なやり方を知らないだけかもしれません。

本書は、筆者らが社会保険労務士を生業とする中で、１０００社以上の企業の経営者、総務、人事担当者から受けた相談や、試行錯誤してきた内容を主にまとめています。導入に際しての推進方法、労務管理、社内体制づくり、マネジメント方法などについてテレワーク推進にかかわるみなさまの「いまさら聞けない」悩みの解決書となれば幸いです。

２０２０年９月

社会保険労務士法人ＮＳＲ　武田かおり、中島康之

※本書は２０２０年９月時点の情報をもとに作成しています。

Q&A　いまさら聞けないテレワークの常識　目次

はじめに　3

第1章　こんな時どうする？　よくある疑問10　13

Q1-1　仕事が遅い、納期が守れない、サボり癖など問題のある社員だけをテレワークさせないことはできる？　14
Q1-2　業務中、子どもを預けるようルール化するべき？　16
Q1-3　テレワーク導入にあたり、就業規則を変更する？　18
Q1-4　「深夜時間帯や早朝に仕事がしたい」という社員の要望に応えるべき？　20

Q1-5-1 休憩時間はどう与える？ 好きな時間に昼休みをとらせてよい？ 22
Q1-5-2 午前中だけテレワークする場合。移動時間は「労働時間」？「休憩時間」？ 24
Q1-6 テレワーク中の「中抜け」は認めなければならない？ 26
Q1-7 テレワーク導入にともない、通勤手当を廃止してもよいか？ 30
Q1-8 テレワークに要する費用は会社で持つべきか？ 32
Q1-9 「在宅勤務手当」「テレワーク手当」など一律に取り入れるべき？ 34
Q1-10 水道光熱費など、「切り分けがしにくい」費用をどのように負担すればいいか？ 36

第2章 マネジメントの落とし穴 41

Q2-1 オフィスとは違うテレワークでの業務進行、マネージャーが心がけるべきポイントは？ 42

Q2-2 部下とこじれないために、マネージャーが特に気を付けるべき点とは？ 46
Q2-3 部下や後輩に「リモハラ」と思われないための
オンラインでのコミュニケーションの取り方とは？ 48
Q2-4 テレワークでの長時間労働を防ぐ方法はあるか？ 50
Q2-5 社内メンバーのメンタル不調に離れていても気付くためのポイントは？ 54
Q2-6 テレワークで部下の生産性をあげるために
マネージャーが心がけるべきことは？ 56
Q2-7 育児中、介護中など勤務時間が不規則になりやすい社員にどう対応する？ 60
Q2-8 フレキシブルタイムを超えて労働しても
フレックスタイム適用に問題ないか？ 62
Q2-9 高齢社員にもテレワークしてもらうべきか？ 64

第3章 意外と知らない基礎知識 69

Q3-1 そもそもテレワークって何？ 時間も場所もすべて自由でいいの？ 70
Q3-2 混同しやすい「在宅フリーランス」と「在宅勤務」。労働問題を防ぐために、注意すべき両者の違いとは？ 72
Q3-3 テレワークで得られる最大のメリットとは？ 76
Q3-4 社員、会社、社会が得られる具体的なメリットって？ 78
Q3-5-1 「明日からテレワークに」スムーズな移行のため、企業が備えておくべき2点とは？ 84
Q3-5-2 【明日テレ①】就業規則を変えずにテレワークを行う時の注意点は？ 86
Q3-5-3 【明日テレ②】就業規則を変えない場合、通信費など誰が負担する？ 90
Q3-5-4 【明日テレ③】オフィスと同じように、タスク管理を行うコツは？ 92
Q3-6 社員がどんな環境で在宅勤務をしていても会社はノータッチでいい？ 94
Q3-7 「WEB会議できる場所がない」「ネットがつながりにくい」等、個別の問題にどう対処すべきか？ 100

第4章 実践！ テレワーク導入の実務 105

Q4-1「導入目的」はどう設定すればよいか？ 106
Q4-2 テレワーク導入の準備はどこから始めるか？ 108
Q4-3 どのようにテレワークの推進体制をつくればよいか？ 114
Q4-4 テレワークの導入が進まない職場。理由はどこにあるか？ 116
Q4-5-1 テレワークの対象者はどうすればいい？ 118
Q4-5-2【テレワークの導入対象者①】テレワークしにくい業種。適用範囲を拡大していくためには 120
Q4-5-3【テレワークの導入対象者②】「新入社員」「異動直後の社員」「サボる社員」をどうする？ 122
Q4-6 テレワークできる業務、できない業務とは？ 124
Q4-7 テレワークの頻度はどうするか？ 週何回ぐらいの導入が妥当？ 128
Q4-8 従業員への説明はどうすればよいか？ 132

Q4-9 テレワークで人事評価をどう行えばいい？ 134
Q4-10 情報漏洩などの不祥事を防ぐために必要なICTと情報セキュリティは？ 140
Q4-11 在宅でオフィスのような気軽な声かけはできる？
どんなITツールが必要？ 144
Q4-12 社員の私物のPCやモバイルを業務に利用させる場合の留意点とは？ 148
Q4-13 公務員がテレワークする場合、労働基準法は適用除外？ 152

第5章 労務管理で気を付けたいこと

155
Q5-1 テレワーク導入で就業規則変更が必要なケースとは？ 156
Q5-2 労働時間管理をどう行うか？——労働基準法、労働安全衛生法から 160
Q5-3 フレックスタイム制を導入するときの留意点は？ 164
Q5-4 テレワーク時のみなし労働時間制の留意点は？ 168

Q5-5 社員が隠れてする闇残業（時間外、深夜又は休日）を会社はどう扱えばいい？ 172
Q5-6 テレワークなら給与を引き下げられるか？ 174
Q5-7 派遣社員にテレワークをしてもらうときの注意点は？ 176
Q5-8 「半日テレワーク」、思わぬ有効活用法がある？ 182
Q5-9 テレワーク時の労働災害にどう対応するか？ 186
Q5-10 テレワークの労働安全衛生で気を付けることは？ 188

【巻末付録】ハイブリッド型テレワーク勤務規程 199

第1章

こんな時どうする？ よくある疑問10

Q 1-1 仕事が遅い、納期が守れない、サボり癖など問題のある社員だけをテレワークさせないことはできる？

企業がテレワークの推進に前向きになれない要因の一つとして「テレワークさせたくない従業員がいるから」ということがよくあります。

テレワークの講演や相談などで「『この人にはテレワークしてほしくない』という人が社内に一人はおられますよね？」と聞くと、皆が苦笑いをされ、「でも、その人だけテレワークさせないことなんてできるのですか？」と質問が来ます。

特定の社員だけをテレワークさせないようにできるか？　答えはＹｅｓです。

「テレワークさせたくない」理由が、好き嫌いや嫌がらせなど、正当な根拠のないものは論外ですが、大概の場合は、その従業員にテレワークさせたくない「何らかの理由」があるはずです。

例えば、「遅刻が多い」「納期が守れない」「仕事が極端に遅い」「人に尋ねたり指示を受けながらでないと仕事を進められない」など、オフィスにおいても、自律して仕事ができていない従業員を一人で自宅で働かせるのは不安だと感じて当然だと思います。

本来、オフィス勤務であっても、自律して働けるように指導・教育するべきなので、自律して仕事ができない従業員が「テレワークしたい」と申し出てきたのであれば、指導・教育するチャンスだととらえるのです。自律できていない要因に対し、より具体的に**「○○ができるようになったらテレワークができるよ」という目標を与え、自律して仕事を行えるようになるためのモチベーションにつなげる**ことができます。

テレワークするためには、実施する業務を自ら計画し、実行しなければなりません。その訓練をするために、まずはテレワークを体験させてみるという方法もあります。テレワークを導入している多くの企業では「社員の自律性が高まった」というアンケート結果が得られていることから、従業員の意識改革にもプラスの効果があるといえるでしょう。

オフィス勤務だと、なんとなくやり過ごしてきたことも、テレワークとなると業務プロセスや成果の見える化を進めざるを得なくなり、さまざまな気づきが生まれます。この気づきを面倒に思うのではなく、今後の業務改善に活かすことで、企業全体の発展にもつなげていただきたいと考えています（関連項目としてｐ１２２～参照）。

Q 1-2 業務中、子どもを預けるようルール化するべき？

10年以上前、筆者（※注　武田）が厚生労働省事業「テレワーク相談センター」にてテレワーク専門相談員を始めた頃、「在宅勤務って家で子どもの世話をしながら仕事をすることでしょう？」とか、「子どもを保育園に預けているなら、出勤できるじゃないか？」と言われることがよくありました。現在でも、在宅勤務というと「子どもを抱えながらパソコンを操作している女性」のイラストや写真がよく使われているのを見かけます。

子どもを預けず、子どもが側にいる状態で仕事をすることは、法律的には問題ありません。しかし、子どもが側にいる状態で職務に専念できるかどうかは、各自の置かれた状況に大きく左右されます。

ある企業が、あえて子どもを預けない状態でテレワークのトライアル（試行）を行ったところ、「2歳の男児を持つ従業員」と「8歳の女児を持つ従業員」では、職務に専念できる時間に随分と差が出たそうです。個人差があると思いますが、同じ賃金なのに仕事量に大きな差が出てしまうと、社内に不公平感による不満が生じる可能性が高くなります。

そのようなことから、**就業規則やテレワーク勤務規程の「服務規律」に、「職務専念義務」についての規定を追加して、「子どもは基本的に預ける（外部委託する）」というルールにしておられる企業が多くみられます。**このように記載しルール化しておくことで、会社にとっては、子どもを持つ社員も一律に職務に専念してもらえるようになります。

一方で、「子どもを預けなくてもよい」というルールを前面に出すことで、優秀な人材を確保している企業もあります。

２００９年、第10回テレワーク推進賞の「優秀賞」を受賞した株式会社ＳｉＭ24では、従業員全員が完全在宅勤務であり子どもを預けることを条件としていません。この会社の従業員のほとんどが親会社のＯＢ社員なので信頼関係があり、熟練された高度な技術を持っていて仕事の成果もわかりやすいことから、子どもが側にいても問題ないとの判断です。

その他、専門性の高い職種や、高度な専門知識や技術を持った従業員を雇用する場合は、就業条件のルールをより柔軟にすることで、優秀な人材確保に成功している例もありますので、企業の目的に合わせてルールを定めると良いでしょう。

Q 1-3 テレワーク導入にあたり、就業規則を変更する？

テレワークを導入するにあたり、**必ずしも就業規則を変更しなければならないわけではありません。**「働く場所が変わるだけ」でテレワークを運用する（p86〜参照）のであれば、就業規則を変更することなく実施することも可能です。

ただ、初めて導入する際は、テレワーク実施上必要となる項目を洗い出し、既存の就業規則に変更を加えるかどうか検討する必要があります。検討項目には、①適正基準、②実施の申請と承認、③業務連絡（コミュニケーション）の方法、④労働時間、⑤人事評価、⑥給与・手当、⑦服務規律、⑧セキュリティ、⑨安全衛生（作業環境・健康診断）、⑩教育・研修、⑪緊急時の対応、⑫費用負担、⑬福利厚生などがあります（変更が必要なケースはp156〜）。

既存の就業規則に変更や追加がある場合、就業規則に直接盛り込む方法と「テレワーク勤務規程」等就業規則とは別に規程を作成する方法があります。

この場合、別に規程を作成したとしても、その規程は就業規則の一部とみなされます。就業規則の作成や変更をしたときと同じように、労働者代表から意見聴収を行った上で所轄労働基準監督署に届け出をし、さらに社内に周知する必要がありますので注意が必要です。「既存の就業規則を変更する必要がない」と判断した場合でも、従業員へのテレワーク導入の説明は必須です。説明は、導入部門以外の従業員にも行うようにして下さい。これは導入部門以外の従業員からも広く要望や意見を収集するためで、そのうえで意見や要望がありそれを採用する必要性が高ければ改めて就業規則の変更を検討するのがいいでしょう。

就業規則を変更しない場合でも、決めておいた方が良い社内ルールは次のとおりです。

①**業務連絡・報告の方法**　テレワーク時における始業・終業時の連絡方法や日常業務の進捗・業務連絡等、テレワーク勤務者から会社・上司へ、また会社からテレワーク勤務者へ連絡方法（チャット、メール、ＳＮＳ等）をルール化して下さい。

②**緊急時の対応**　テレワーク中に発生した非常災害時の行動です。またテレワーク勤務者が必ずしもＩＴ技術が高くない場合のＩＴ機器等の不具合時の対応です。

③**回覧物・定期会議**　テレワーク勤務者宛の回覧物や郵便物の伝達配付の方法、特に重要なもの、緊急を要するものについての取り扱いを予めルール化するのが良いでしょう。

Q 1-4 「深夜時間帯や早朝に仕事がしたい」という社員の要望に応えるべき?

2018年2月22日、「情報通信技術を利用した事業場外勤務の適切な導入及び実施のためのガイドライン」(以下「テレワークガイドライン」とよびます)が策定されました。

このテレワークガイドラインでは、「業務の効率化やワークライフバランスの実現の観点からテレワークの制度を導入する場合、その趣旨を踏まえ、時間外・休日・深夜労働を原則禁止とすることが有効」と示されています。さらにこの場合、「テレワークを行う労働者に、テレワークの趣旨を十分理解させるとともに、テレワークを行う労働者に対する時間外・休日・深夜労働の原則禁止や使用者等による許可制とすること等を、就業規則等に明記しておくことや、時間外・休日労働に関する三六協定の締結の仕方を工夫することが有効である」としています。

このようにテレワークガイドライン上はテレワーク時の長時間労働防止の対策が示されているものの、実際、マネージャーの方にお話を聞くと、「子どもが寝静まり、一人で集中できる深夜時間帯や早朝に自発的に仕事をしたい」という在宅勤務者の声に困ることもあるようです。

このようなリクエストに対して、**深夜割増賃金を支払えば対応は可能です。ただし、睡眠時間や勤務間インターバルの確保が必要**とお答えしています。

2018年に成立した「働き方改革関連法」に基づき「労働時間等設定改善法」が改正され、前日の終業時刻から翌日の始業時刻の間に一定時間の休息を確保（勤務間インターバル）することが事業主の努力義務として規定されました（19年4月1日施行）。

政府の最終目標は「11時間以上」の勤務間インターバルをめざしていますので、例えば23時まで仕事をした場合の次の日の始業時刻は午前10時以降でなければなりません。

また、早朝6時から仕事を始めた場合で、時間外労働が禁止されていれば（所定労働8時間、休憩1時間の場合）15時に業務を終えなければなりません。なお、時間外労働が認められていたとしても三六協定の「1日の延長できる時間」を管理しなければならず、次の日の勤務が9時始業の場合は、20時には仕事を終えなければなりません。

在宅勤務時において深夜時間帯に業務をする場合は、労働時間管理についてよく話し合いをすることが必要でしょう。

Q 1-5-1 休憩時間はどう与える？ 好きな時間に昼休みをとらせてよい？

「在宅勤務だから、仕事中に手を休めているかもしれないし、ちょっとした家事・雑用をしているかもしれない。オフィスに出ている時のようにあえて昼休みなど作らなくても、在宅勤務なら休憩も含まれているものとみなしていいのではないか」とお考えになるかもしれません。しかし、「事実上労働からの離脱がしやすい環境に置くこと」と、「労働から離れることを権利として保障していること（休憩）」とは異なります。

みなし労働時間制（P168～）の適用によって休憩や休日も同時に付与したものとみなすのではなく、心身の疲労の回復のため、実際に休憩や休日を付与する必要があります。

在宅勤務者に対しても、原則として週1回以上の休日を与えるとともに、1日の労働時間が6時間を超える場合は45分以上、労働時間が8時間を超える場合は60分以上、その途中に休憩を与えなければなりません（労働基準法第34条、第35条）。

なお、休憩の時間帯についても決まりがあります。労働基準法第34条第2項では、「原則として休憩時間を労働者に一斉に付与すること」を規定しています。

テレワークだからといって休憩をいつに設定してもいいわけではなく、**在宅勤務者の休憩時間帯は、所属事業場の休憩時間帯と合わせる必要があります**（一斉休憩の原則）。つまり、オフィス勤務の時の昼休みが12～13時と決まっているようであれば、テレワークの社員も同じ時間帯に昼休みをとるのが原則となります。

ただし、公衆の不便を避けるために、商業、保健衛生業など一定の事業にはこの原則は適用されないことになっています（労働基準法第40条）。

また、「一斉休憩の原則」が適用される事業であっても、書面による労使協定により、一斉付与の原則を適用除外とすることが可能です（労働基準法第34条）。労使協定を締結すれば、テレワークを行う労働者について異なる時間帯に休憩を与えることができます。

なお、一斉付与の原則の適用を受けるのは、「労働基準法第34条に定める休憩時間について」となっていますので、労使の合意によって、労働基準法で定められた休憩時間以外の休憩時間を任意に設定することは可能です。

Q 1-5-2 午前中だけテレワークする場合。移動時間は「労働時間」？「休憩時間」？

午前中だけテレワーク（在宅勤務）、午後からオフィス出勤の場合、自宅からオフィスへの移動時間は、その移動が**会社の指示なら「労働時間」、従業員の都合による場合は「休憩時間」が原則**です。厳密に言うと、まず移動について会社の指示があるかどうか？「あり」の場合は「労働時間」です。「なし」の場合は、「自由利用が保障されているかどうか」と「移動時間中にパソコンやタブレットを使用して業務していないかどうか」の2つを確認します。いずれも「なし」の場合に「休憩時間」となります。

P20～で触れたテレワークガイドラインでは、長時間労働を招かないように労働時間管理の仕方などが整理され、在宅勤務以外の形態（モバイル・サテライト）についても対応できることとなりました。移動についてガイドラインの引用を掲載しておきます。

「午前中だけ自宅やサテライトオフィスで勤務をしたのち、午後からオフィスに出勤する場合等、勤務時間の一部でテレワークを行う場合がある。こうした場合の就業場所間の移動時間が労働時間に該当するのか否かについては、使用者の指揮命令下に置かれている時間であるか否かにより、個別具体的に判断されることになる。

使用者が移動することを労働者に命ずることなく、単に労働者自らの都合により就業場所間を移動し、その自由利用が保障されているような時間については、休憩時間として取り扱うことが考えられる。ただし、その場合であっても、使用者の指示を受けてモバイル勤務等に従事した場合には、その時間は労働時間に該当する。

一方で、使用者が労働者に対し業務に従事するために必要な就業場所間の移動を命じており、その間の自由利用が保障されていない場合の移動時間は、労働時間と考えられる。例えば、テレワーク中の労働者に対して、使用者が具体的な業務のために急きょ至急の出社を求めたような場合は、当該移動時間は労働時間に当たる」

なお、**従業員の都合でかつ自由利用が保障されている場合で、昼の休憩時間帯に自宅から会社へ移動する時の移動時間は休憩時間と扱っても構いませんが、休憩の意義からしますと昼食時間や身体を休める時間を別途、確保する配慮が必要**です。また、テレワークガイドラインではその取り扱いについて「合意」を得ておくことが望ましいとしています。

Q 1-6 テレワーク中の「中抜け」は認めなければならない？

中抜けとは、辞書をみますと「勤め人が勤務時間中に私用で職場を抜け出すこと」（小学館『デジタル大辞泉』）との解説があります。

筆者は、テレワーク中の中抜けについて質問をよく受けますが、**「中抜け」を認めるか認めないかは就業規則の定めによる**ことが根拠となります。そこで、質問を受けた場合には必ず、就業規則に次のような規定があるか確認していただきます。

「（遅刻、早退、欠勤等）第18条　労働者は遅刻、早退若しくは欠勤をし、又は勤務時間中に私用で事業場から外出する際は、事前に○○に対し申し出るとともに、承認を受けなければならない。ただし、やむを得ない理由で事前に申し出ることができなかった場合は、事後に速やかに届出をし、承認を得なければならない」（厚生労働省「モデル就業規則」。○○は、例えば上司という言葉が入ります）

まず、このような規定が定められていれば従業員は労働条件として私用外出することができます。定められていなければ使用者の裁量によることになるので「認めるか」「認めないか」は使用者の自由です。

なお、定められている場合でも「事前に○○に対し申し出る」というプロセスが必要で、かつ「承認」を得る必要があります。また、「やむを得ない理由」の場合は事後承認でも良いことになっていますので、このままの規定でテレワーク（在宅勤務）時の中抜けのルールとしても構いません。

ただ、在宅勤務の理由が「育児」や「介護」である場合は、保育園や施設の送り迎えのために定期的に中抜けが生じます。そうしますと前述の就業規則の規定ではほぼ毎日事前に申し出て上司の承認を得ることをしなければなりませんので在宅勤務者に負担がかかります。

そこで、筆者は次のような規定をお勧めしています。

「第○条　第18条にかかわらず、在宅勤務の理由が育児・介護による場合は、事前の申し出と承認を得ることを免除し、業務報告（あるいは日報）において私用外出の事由と時間を報告することができる」

次に中抜けした場合における賃金ですが、就業規則に次のような規定があるか確認していただきます。

「(欠勤等の扱い) 第43条　欠勤、遅刻、早退及び私用外出については、基本給から当該日数又は時間分の賃金を控除する」(厚生労働省「モデル就業規則」)

このような規定が就業規則あるいは賃金規程に定められていれば、中抜けの時間は無給になりますのでこの時間は賃金から控除することになります。

P20で触れたテレワークガイドラインでは、「中抜けについて」テレワークに際して生じやすい事象として次のように示しています。

「**いわゆる中抜け時間について**　在宅勤務等のテレワークに際しては、一定程度労働者が業務から離れる時間が生じやすいと考えられる。そのような時間について、使用者が業務の指示をしないこととし、労働者が労働から離れ、自由に利用することが保障されている場合には、その開始と終了の時間を報告させる等により、休憩時間として扱い、労働者のニーズに応じ、始業時刻を繰り上げる、又は終業時刻を繰り下げることや、その時間を休憩時間ではなく時間単位の年次有給休暇として取り扱うことが考えられる。なお、始業や終業の時刻の変更が行われることがある場合には、その旨を就業規則に記載しておかなければならない。

また、時間単位の年次有給休暇を与える場合には、労使協定の締結が必要である」

テレワークガイドラインが示すように中抜けを「休憩時間」として扱うことでも構いませんが、休憩時間は一般的に無給ですので賃金控除の問題が残ります。そこで、始業時刻・終業時刻の繰り上げ・繰り下げをすることによって所定労働時間を就業して賃金が減らないようにすることも良いでしょう。また、テレワークガイドラインでは中抜け時間を「時間単位の年次有給休暇」と扱うことも考えられるとしています。

２０２１年1月1日より、育児や介護を行う労働者が子の看護休暇や介護休暇を柔軟に取得することができるよう、育児・介護休業法施行規則等が改正され、時間単位で取得できるようになります。ただ、法令で求められているのは、いわゆる「中抜け」なしの時間単位休暇です。改正後の第40条第1項においては、始業の時刻から連続し、または終業の時刻まで連続する時間単位での看護・介護休暇の取得を可能とすることを求めており、「中抜け」を想定しない制度であっても許容されます。しかしながら、看護や介護を必要とする家族の状況や、労働者の勤務状況等に柔軟に対応するため、法を上回る制度として、「中抜け」ありの休暇取得を認めるように配慮を求めています。

Q 1-7 テレワーク導入にともない、通勤手当を廃止してもよいか？

テレワークの頻度が高くなると通勤の回数が少なくなるので「いままでの通勤手当で良いのか」という疑問が出てきます。頻度が高くなると通勤手当の見直しも考えられますが、この場合、労働条件の変更となるので手続きが必要になります。

まず、通勤手当の性格について考えてみましょう。

●通勤手当について

通勤に要する費用を支弁するために支給される手当であり、「労働の対償」として支払われるものとして、労働基準法上の「賃金」の一部として整理されています。

●通勤に要する費用

通勤に要する費用は、使用者が支給することを義務付けられておらず、使用者が負担しなければならないという法律はありません（通勤手当の支払いを強制する法律はない）。

※通勤手当と旅費の違い

通勤手当と異なり、旅費は通常使用者が負担すべきものとして現物又は実費弁償で支給されることから、「労働の対償」としての「賃金」の一部にはなりません（厚生労働省「社会保険料・労働保険料の賦課対象となる報酬等の範囲に関する検討会」資料より）。

通勤手当制度を「廃止」しても法律上の問題はありません。ただし、労働契約法において労働条件を変更する際には「個別同意」が求められているのです。

また、個別同意がとれない場合（大企業のように従業員数が多い場合等）においては、「労働者の受ける不利益の程度など合理的」なものであるときは、労働契約の内容である労働条件は、当該変更後の就業規則に定めるところにより変更することができるとされています。

賃金規程は就業規則の一部となりますので、**賃金規程に定められている通勤手当の規定を変更する場合は、労働者代表の意見書を添付して所轄労働基準監督署への届け出と、届け出た賃金規程を周知する必要があります。**

Q 1-8 テレワークに要する費用は会社で持つべきか?

テレワークでは、オフィス勤務の時にはなかった費用が発生します。P20で触れたテレワークガイドラインでは、関連する費用として次を挙げています。(1)テレワークに要する通信費、(2)情報通信機器等の費用負担、(3)サテライトオフィスの利用に要する費用、(4)専らテレワークを行い事業場への出勤を要しないとされている労働者が事業場へ出勤する際の交通費等。

テレワークガイドラインは、これらの費用について必ずしも企業が負担しなければならないとは示していないのですが、「労使のどちらが負担するか、また、使用者が負担する場合における限度額、労働者が請求する場合の請求方法等については、**あらかじめ労使で十分に話し合い、就業規則等において定めておくことが望ましい**」と示しています。

費用が発生する例としては次のものが考えられます。よくある例とともに紹介します。

①情報通信機器の費用

テレワーク導入企業の事例では、パソコン本体や周辺機器、携帯電話、スマートフォンなどについては、会社から貸与しているケースが多くみられます。会社が貸与した場合、通信機器の費用は基本的に「全額会社負担」としているところが多いようです。個人の負担とする場合は就業規則に定めが必要なので注意が必要です。

②通信回線費用

モバイル勤務（p71）では携帯電話やノート型パソコンを会社から貸与し、無線LAN等の通信費用も「会社負担」としているケースが多くみられます。一方、在宅勤務（p71）では、ブロードバンド回線の工事費、基本料金、通信回線使用料等が発生します。工事費については、回線が自宅内に配線され、テレワーカー自身が個人的にも使用することがあるため、その負担を「個人負担」としている例もみられますが、会社が負担するケースもあります。ブロードバンド回線の基本料金や通信回線使用料は、個人の使用と業務使用との切り分けが困難なため、一定額を「会社負担」とする例が多くみられます。

③水道光熱費

自宅の電気、水道などの光熱費は私用分と在宅勤務使用分との切り分けが困難なため、テレワーク手当に含めて支払っている企業もみられます（ただし就業規則に定めが必要）。

Q 1-9 「在宅勤務手当」「テレワーク手当」など一律に取り入れるべき？

自宅でのテレワークの場合、設備機器や水道光熱費の負担が生じるケースが多くみられます。企業は必ずその費用を負担しなければならないのでしょうか？　答えは「NO」です。

ただ、週1回など頻度の低いテレワークなら従業員の負担もそれほどではないかもしれませんが、頻度が高くなるとその負担も増えますので、多くの企業が「在宅勤務手当」等として、ある程度の支弁をしているのが実態です。とはいえその支給も必須ではありません。

なお、**設備機器や水道光熱費を従業員の負担とする場合は、その旨を就業規則に記載しなければならない**ことに要注意です。**就業規則に定めがない場合は企業負担**となります（p90〜参照）。

2020年新型コロナウイルス感染拡大の影響で多くの企業がテレワークを実施しました。テレワークの頻度が高くなった後の各企業の取り組みを紹介します。

ダイドードリンコ株式会社は、正社員以外の契約社員など約800名の全従業員に対し

「新たな働き方」の推進による生産性向上とワーク・ライフ・シナジーの実現をめざし「テレワーク手当（月3000円　※ただし月15日以上就業した社員に限る）」を新設すると発表しています（2020年7月10日）。

また、富士通株式会社は、固定的なオフィスに縛られる従来の働き方の概念を変え、各々の業務内容に合わせて自宅やハブオフィス、サテライトオフィスなどから自由に働く場所を選択できる勤務形態にするとして、コアタイムのないフレックス勤務の国内グループ全従業員へ適用を拡大しています。月額5000円の在宅勤務の環境整備費用補助の支給。通勤定期券代の支給廃止を発表しました（2020年7月6日）。

株式会社ドワンゴは、在宅勤務対象の正社員・契約社員には、在宅勤務手当として月額2万円の支給を決定し、これまで支給していた電気代・通信費等手当（551円／週）を廃止、出社時の交通費は定期代ではなく経費精算での支給と発表しました（2020年6月29日）。

月額ではなく半年払いの例として、在宅勤務に伴う勤務環境の構築やオンライン・コミュニケーションなどのための在宅勤務手当を半年分で6万円支給する企業の例（株式会社メルカリ）もみられます。支給する、支給しないは企業の実情に照らしてご検討ください。

Q 1-10 水道光熱費など、「切り分けがしにくい」費用をどのように負担すればいいか？

前述しましたが、水道光熱費など、企業の負担なのか個人の負担なのか「切り分けがしにくい」費用について、従業員に負担させる場合は就業規則に定めなければならず、定めがない場合は企業負担となります。

企業はどのようにしてそれらの費用を支払えばいいのでしょうか。ここではその扱いについて説明します。まず、**「実費」で支払うか「手当」で支払うかによる扱いの違いに注意が必要**です。

■水道光熱費を「実費」で支払う場合とその扱い

さまざまなデータを利用して、使用時間に応じた水道光熱費単価の目安を計算します。手前みそですが、私たちの所属する社会保険労務士法人ＮＳＲでは、**例えば、この単価（図表１－１）を目安に、覚書を締結し、定時（毎月や数カ月）ごとに従業員からの請求に**

図表1-1　在宅勤務時の水道光熱費の目安

項目		東京都		静岡市		名古屋市		大阪市		福岡市	
1日（8時間）		高	低	高	低	高	低	高	低	高	低
水道・下水道	高＝単身世帯（8㎥） 低＝3人世帯（24㎥）	13.3	6.5	12.9	6.9	12.6	5.6	11.4	10.0	17.0	7.7
トイレットペーパー	高＝1ロールの単価35円 低＝1ロールの単価25円	4.9	3.5	4.9	3.5	4.9	3.5	4.9	3.5	4.9	3.5
エアコン	高＝暖房時の地域係数を考慮(資料：経済産業省)	105.7	25.8	78.8	24.1	128.1	24.1	116.5	23.7	100.0	22.2
蛍光灯	8~10畳用の家庭用蛍光灯式シーリングライトの消費電力が75Wとして、8時間使用として	17.6	17.6	16.4	16.4	16.4	16.4	16.2	16.2	15.1	15.1
パソコン	高＝デスクトップ 低＝ノートパソコン	8.5	2.8	7.9	2.6	7.9	2.6	7.8	2.6	7.3	2.4
通信料		※	※	※	※	※	※	※	※	※	※
コーヒー・おやつ		※	※	※	※	※	※	※	※	※	※
		150.0	56.2	120.9	53.5	169.9	52.2	156.8	56.0	144.3	50.9

（単位：円）

○水道料金・下水道料金
東京都水道局「料金早見表」より＝(口径20mm、1カ月8㎥1903円、24㎥2789.5円)
大阪市水道局「料金早見表」より＝(口径20mm、1カ月8㎥1628円、24㎥4298円)
名古屋市上下水道局「料金早見表」より＝(口径20mm、1カ月8㎥1793円、24㎥2413円)
福岡市水道局「料金早見表」より＝(口径20mm、1カ月8㎥2430.5円、24㎥3304円)
静岡市上下水道局「料金早見表」より＝(口径20mm、1カ月8㎥1850円、24㎥2985円)
○蛍光灯（資料：denki.insweb）
8～10畳用の家庭用蛍光灯シーリングライトの消費電力が75Wとして8時間使用したとして各電力会社の単価により算出
○トイレットペーパー（資料：日本トイレ協会）
1カ月のトイレットペーパーの平均使用量は4人家族で16.8ロール（シングル）程度、1人1カ月4.2ロール/30＝0.14　1ロール単価＝35円＝4.9　単価25円＝3.5
○エアコン（資源エネルギー庁ホームページより）「主な暖房器具の1日の電気代」（エアコン6畳）＝450W消費電力量（kwh）12時間想定、146円
高：上記を引用し「8時間換算」「電力会社単価」、経済産業省平成27年10月「省エネ性能カタログ2015年夏版」資料を考慮
低：panasonicCS-X229Cの場合冷房の消費電力は最小110W～最大780W

電気料金＝公益社団法人全国家庭電気製品不正取引協議会が2004年4月28日に発表した「電気料金の目安単価（平均27円）」の添付資料より各電力会社の単価を算出し計算している。
※＝各社の事情による

より、「実費」として支払います。なお、この「実費」について、本来「実費弁済」（※実際にかかった交通費などを弁償する為の費用。仕事の処理にあたって実際にかかった費用で、税金の課程対象や「労働の対償」としての「賃金」の一部になりません）であれば、在宅勤務手当とは違って「割増賃金の基礎となる賃金」や「税金の対象」から除外できます。しかし、この単価が「実費」と認められるかどうかについては、所轄の労働基準監督署や税務署で個別事業ごとに判断されますので、各社で確認していただく必要があります。

■水道光熱費を「手当」で支払う場合とその扱い

水道光熱費を「在宅勤務手当」として支払う場合は、先述のような**水道光熱費単価の目安を利用して実費相当額を支払う場合と、水道光熱費以外の経費も含めた金額を、定時（毎月や数カ月）ごとに数千円単位、または、一時金として数万円単位で支払う場合があります。**

この手当が「割増賃金の基礎となる賃金」から除外できるかどうかですが、本来、「割増賃金の基礎となる賃金」から除外できるものとしては、①家族手当、②通勤手当、③別居手当、④子女教育手当、⑤住宅手当、⑥臨時に支払われた賃金、⑦1カ月を超える期間ごとに

図表 1-2　就業規則に定めがない場合は従業員に費用の負担をさせない

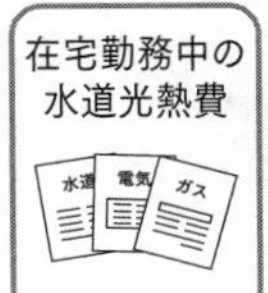

※従業員に費用負担させる場合はその旨を就業規則に記載し法令の手順に則る必要がある（労働基準法第89条）

①**「在宅勤務手当」**を支給

②**「使用時間に応じた水道光熱費単価」**の覚書を締結し定時（毎月or数カ月）ごとに従業員からの請求により支弁する

支払われる賃金とされており、この①〜⑦は例示ではなく、限定的に列挙されているもので、これらに該当しない賃金は全て「割増賃金の基礎となる賃金」に算入しなければなりません。「手当」という名称であっても、「一時金」として支払われた場合は、⑦1カ月を超える期間ごとに支払われる賃金なので、「割増賃金の基礎となる賃金」から除外されます。

また、定時（毎月や数カ月）ごとに支払われた「手当」であっても、実態が「実費」と認められた場合は、「割増賃金の基礎となる賃金」や「税金の対象」から除外できる可能性がありますので、所轄の労働基準監督署や税務署にご確認ください。

第2章

マネジメントの落とし穴

Q 2-1 オフィスとは違うテレワークでの業務進行、マネージャーが心がけるべきポイントは?

テレワークにおいても、マネージャーは、チーム全体の仕事の配分をはじめ、部下が業務をスムーズに遂行できているかどうかの確認、その他健康管理など、さまざまなフォローを行わなくてはなりません。テレワークに関する研修は積極的に受講し、ワークショップに参加するなど、テレワークに関する情報を収集し、チーム内で共有しておきましょう。

■ポイント① マネージャーから率先してテレワークを利用する

上司がテレワークに否定的だと部下はなかなか利用できません。導入検討段階で管理職層からトライアルした企業はテレワークの利用が進みやすいという先進的企業の事例もあります。マネージャーから先にテレワークを実践しておくと、「意外に集中できる」「意外にサボれない」ということが体感できるので、テレワークに対する懐疑心がなくなります。また、制度や運用について不明な点があれば、会社の責任者に確認し、より使いやすい制度になるよう働きかけるといいでしょう。

■ポイント②　業務の指示は、成果や期日など通常よりも具体的に行う

マネージャーはテレワーク中に部下がどのような仕事をどんなタイミングで行うかについて、期待値を設定する必要があります。業務上の指示は可能な限り具体的に行い、業務の成果や期日を明確に伝えておきます。長期にわたる業務の場合には、マイルストーンや中間報告をするタイミングも共有しておくと管理がしやすいでしょう。

■ポイント③　チームでの仕事なら、1日1回はオンラインで顔を合わせる

いわゆる「メンバーシップ型」の働き方をしている場合は、毎日WEB会議システムを利用して朝礼を行うなど、1日1回はメンバーで顔を合わせ、1日のスケジュールを確認しておきます。メンバーが独立して業務を行っている場合でも、できるだけ全体で情報共有を行うことが望ましいです。

一人ずつ個別に話しかける場合は、電話、チャット通話などで、定期的に声をかけるようにすると効果的です。その際、ただ進捗状況を尋ねたり指示を出すのではなく、部下が困っていることについて耳を傾け、より具体的な指示やアドバイスを出すようにします。離れていても、1日に1回など定期的に上司に相談ができて、不安や疑問に対して上司が耳を傾けてくれると思うと、部下は安心してテレワークを行うことができます。そうすることで、問題を一人で抱え込むことなく早期に発見し、解決することにつながります。

■ポイント④　「簡単な連絡はチャット、長期保存はメール」等、連絡ルールをつくる

複数のコミュニケーションツールを利用する場合、コミュニケーションの手段やタイミングのルールが決まっていると、業務の効率があがり、安心感が高まります。

例えば、簡単な声かけや業務連絡はチャット、長期的に閲覧や保存が必要な内容はメール、緊急の場合は電話など、チーム内でのコミュニケーションの手段ルールを作っておきます。業務以外のインフォーマルなコミュニケーションができるチャットのチャネルなどを用意するのもいいでしょう。

■ポイント⑤　雑談でメンバーの不調を見逃さない

テレワーク中であっても、上司はメンバーの業務の進捗状況や心理的ストレスを認識し、その原因や不安を伝えやすいように声かけすることが重要です。特にテレワークに慣れていなかったり社歴が浅く受動的に仕事をしている部下には、悩みごとはないか、順調にテレワークできているかなどこまめに問いかけましょう。自分からはなかなか言い出せない場合で

も、上司から「○○業務はうまくいってる？」と具体的に声をかけられることで話しやすくなります。

オフィス勤務で対面していれば気づいたであろう不調などを見逃さないように、テレワーク中は声かけの頻度を増やし、セーフティネットがあることをアピールすることも効果的です。また定例ミーティングでは、必ず全員が発言できるように工夫しましょう。

テレワークにおいては、業務面の管理に注力しがちですが、心理面にも配慮することで、部下は、安心して前向きに業務に取り組むことができます。

意識の高いマネージャーは、フォーマルなコミュニケーションだけでなく、インフォーマルなコミュニケーションを意識して、WEB会議によるランチ会や雑談会を開催するなどさまざまな工夫を凝らしておられます。

ある企業では、マネージャーが部下全員の自宅にコーヒーギフトを郵送し、週明けの朝礼で、全員が同じ豆のコーヒーを入れて一緒に飲もうという企画をされているとのこと。さりげない心遣いとともに、離れていても一緒に楽しめるという感覚が部下の心をほぐしているようです。

Q 2-2 部下とこじれないために、マネージャーが特に気を付けるべき点とは？

頻度の高いテレワーク時には、対面することなく、オフィスと同じレベルのマネジメントを維持するため、マネージャーは、作業報告や相談など、部下からの積極的な情報発信ができる環境を作るよう意識しなければなりません。

■ポイント① 部下の報告には必ずフィードバックをする

部下からの報告書には必ず目を通し、業務遂行の様子や相談について、フィードバックをしましょう。対面する機会が少ない場合、自然に相手の反応を探ることが困難な状況になりますので、上司の反応がないと部下は不安になります。人によっては、「無視されている」「自分のことは見てもらえていない」と感じ、仕事へのモチベーションを下げてしまう可能性もあります。

■ポイント② 文字での指示の仕方に十分注意する

テレワークを始めたばかりの企業など、文字でのマネジメントに慣れていないこともあり

ます。チャットやメールなどによる指示の仕方を工夫し、誤解のないように伝えるようにしましょう。

また、伝わりにくいと感じたときは、電話やＷＥＢ会議を利用するようにします。

■ポイント③　注意などネガティブなフィードバックは、普段より気を付ける

注意や改善を指示するなどのネガティブなフィードバックをする際には、文字だけではうまく伝わらず、関係が悪化する危険性もありますので、注意が必要です。

対面する機会が少ないテレワーク時には、ＷＥＢ会議システムを用いて定期的に１対１で部下と対話する場（１on１ミーティング）を、多めに設けることをお勧めします。

オフィスでは評価のための面談しか行っていなかった場合でも、テレワーク時であればＷＥＢ会議を利用して、こまめに面談することができます。

部下の状況を常に把握しておくことで、ネガティブフィードバックの適切なタイミングも判断しやすくなります。

Q 2-3 部下や後輩に「リモハラ」と思われないためのオンラインでのコミュニケーションのとり方とは?

テレワーク時のコミュニケーションに関しては、やり方を間違うと部下が上司とのコミュニケーションをストレスだと感じる場合があります。

ダイヤモンド・コンサルティングオフィス調べ「リモートワークでのハラスメント(リモハラ)の実態調査」によると、「テレワークで上司とのコミュニケーションにストレスや不快感を覚えたことがある部下」はおよそ8割に上るとの結果がありました。「チャット上での言葉遣いがきつい」「仕事をサボっていないかいちいちチェックする」「やたらとWEB会議をやりたがる」などの声が寄せられ、出社していた時よりもストレスや不快感が増えたと回答しています。

部下への気遣いや、仕事の進捗状況を確認するための声かけが、部下のストレスになっていたのでは本末転倒です。

単純に、頻繁に声かけを行えば良いというわけではなく、声をかけるタイミングや言葉遣い、頻度、時間なども十分な注意が必要です。そこを考慮した上で、声かけの目的や、コミュニケーションの重要性を、部下にも伝えるようにしてください。目的がよく理解されていないと、「サボっていないか監視されている」ととらえる部下もいます。またチャットなど文字だけのコミュニケーションは、話し言葉より「冷たく」あるいは「きつく」感じるので、特に気を付ける必要があります。

WEB会議においては、画面に映り込んだ部屋の様子や服装などプライベートに関して執拗に尋ねないようにしましょう。カメラに顔が近すぎると圧力を感じ、遠すぎたり、目線が合わないと冷たい印象を持たれるようです。WEB会議の常時接続をする際は、テレワーカー側はカメラとビデオをオフにしても良いルールにしておき、会話の際のみオンにします。

この調査とは逆に、「オフィスだとなかなか話せなかった上司とコミュニケーションがとりやすくなった」「オフィスにいた時よりも気にかけてもらえるようになった」「相談がしやすくなった」という意見も多数あります。

物理的には離れた環境であっても、コミュニケーションツールをうまく活用して、良好な信頼関係を築いていきましょう。

Q 2-4 テレワークでの長時間労働を防ぐ方法はあるか？

テレワークは、移動時間や通勤時間を削減し、集中して仕事ができることから、時間外労働の削減につながることが期待される働き方です。一方で、目の前で働いている姿が見えないので、長時間労働していることに気づきにくい恐れがあります。

このため、P20で触れたテレワークガイドラインでは、テレワークにおける長時間労働等を防ぐ手法として、次の4つのポイントが記されています。

■ポイント① マネージャーからのメールは勤務時間内を心がける

テレワークにおける長時間労働の要因として、時間外、休日または深夜に業務に係る指示や報告がメール送付されることが挙げられます。そのため、「役職者等からの時間外、休日または深夜におけるメールを送付することの自粛を命じること」等が有効とされています。

独自ルールを決めるのもいいでしょう。ある企業では、長時間労働対策として「メール送信は18時まで」という「社内マナー」を取り入れたそうです。結果、18時以降に送信せざるを得ないメールに関しては、誰からともなく「夜分に恐れ入ります」「時間外に申し訳ありません」と断りが入るようになり、仕事が前倒しで行われるようになったそうです。

■ポイント②　深夜・休日はシステムへのアクセスを制限する

テレワークを行う際に、企業等の社内システムに外部のパソコン等からアクセスする形態をとる場合が多いことから、深夜・休日はアクセスできないように設定することで長時間労働を防ぐことが有効とされています。

アクセス制限をするためには仮想ディスクトップ方式による「シンクライアントパソコン」を利用していないと難しいかもしれませんが、外部からリモートディスクトップシステム方式で社内のパソコンやサーバーにアクセスしている場合でも、社内にある各自のパソコンやサーバーの電源をオフにしてしまうことで、外部からアクセスを制御することも可能です。

■ポイント③　テレワークでの時間外・休日・深夜労働を原則禁止する

業務の効率化やワークライフバランスの実現の観点からテレワークの制度を導入する場合、その趣旨を踏まえ、「テレワークの日は時間外・休日・深夜労働を原則禁止」とすることも有効とされています。この場合、テレワークを行う労働者に、テレワークの趣旨を十分に理解させるとともに、テレワークを行う労働者に対する時間外・休日・深夜労働の原則禁止や使用者等による許可制とすること等を、就業規則に明記しておくことや、時間外・休日労働に関する三六協定の締結の仕方を工夫することが有効とされています。

テレワークの頻度が週に1、2回であれば、ノー残業デーと合わせて、時間外労働の原則禁止とすることはワークライフバランスを叶える上でも有効です。しかし、テレワークの頻度が高い場合、テレワークでの残業を禁じることで業務量が多く残業の必要がある日はテレワークができないということでは本末転倒ですので、オフィスと同じように、「申請による時間外労働」を認め、オフィスと同じ扱いにした方が良いでしょう。

■ポイント④　長時間労働等を行う労働者に声かけや注意喚起

テレワークにより長時間労働が生じる恐れのある労働者や、休日・深夜労働が生じた労働者に対して、注意喚起を行うことが有効とされています。具体的には、長時間労働の記録を踏まえて上司が声かけをする方法や、勤怠管理システムのアラーム機能を利用する場合があります。

このように、**長時間労働を防ぐにはルールと仕組みによる抑制と適切な管理が重要**といえます。

会社がどれだけ注意喚起を行っても、「隠れ残業」「闇残業」（P172〜）を行う従業員がいるという相談を受けることがあります。

その場合は、なぜ会社に隠れてまで残業を行うのかという根本原因を探る必要があります。客先や特定の上司からの無理な要請がないか、能力不足により時間がかかるのであれば、能力開発や訓練が足りているか、昼と夜が逆転し「深夜の方が働きやすい」などのマネージャーが把握できていない事情を個別ヒアリング等により調査することが必要です。

本人がよくても企業にとっては長時間労働はリスクであることを説明し、理解を求めましょう。

Q 2-5 社内メンバーのメンタル不調に離れていても気付くためのポイントは？

「テレワークうつ」などが話題になりましたが、本来テレワークはメンタル不調に直結するものではありません。テレワークは働き方の選択肢として基本的に本人の希望により実施されるものであり、無理矢理実施するものではないからです。**「完全テレワーク」で出社しないことが原因のメンタル不調であれば、出勤の頻度を上げるのが一番の解決方法**です。しかし、感染症対策などにより、本人の希望とは関係なく長期間テレワークを強いられるケースもありますので、しっかりと対策を行い、予防や早期発見に努めなければなりません。

厚生労働省の「働く人のメンタルヘルス・ポータルサイト「こころの耳」」では相談窓口や、ストレスチェックの実施手順や規定例、調査票、チェックリストなどさまざまなコンテンツが用意されております。従業員自身で手軽に行える「セルフチェック」のページもありますので、社内に周知し、活用してみると良いでしょう。

上司が部下の不調の予兆に気付くポイントは、部下が「普段の様子と違わないか」を見抜

図表 2-1　気をつけるべき部下の変化

●遅刻、早退、欠勤の増加	●表情も動きも元気がない
●残業、休日出勤の増加	●行動や言動が不自然
●効率悪化、業務成果の低下	●ミスが目立つ
●会話がなくなる	●服装が乱れている

くことです。不調は、身体面→生活・行動面→心理面の順で表れます。頭痛やめまい、耳鳴り、腹痛や皮膚病など、身体の不調を訴える部下がいないいか、WEB会議の際には顔色なども観察します。行動については、**メールやチャットの返信が遅い、会話がない（逆によくしゃべる）、ミスが多い**など、普段と違う様子がないか、急に怒ったり泣いたりするような心理面の変化はないかなど、注意して観察する必要があります。

あるマネージャーによりますと、テレワーク時の部下の悩みとして多かったのが「仕事の相談がしにくい」というものでした。細かなところに気遣いができる人ほど、不安を感じる傾向があるようです。部下には「不安を感じたらどんどん電話しなさい」と伝え、対面相談したい部下のために優先して対応するとのことでした。日本人は孤立に弱く、離れていると不安になりがちです。**テレワークにおいては、上司は部下のセーフティネットであるということを、より強くアピールし、部下に頼りにしてもらえるような存在になる**ことが重要です。

Q 2-6 テレワークで部下の生産性をあげるためにマネージャーが心がけるべきことは？

テレワークでは、オフィス勤務で発生する雑務（電話や応対、頻繁な声かけなど）がないため、本来は業務の効率があがります。しかし、現場では「生産性が落ちた」と悩むマネージャーは少なくないものです。ここでは、その理由と改善法を考えてみたいと思います。

まず、生産性とは、三省堂の『大辞林　第三版』をみると、「投入した労働量に対してどれくらいの生産量が得られたかを表す指標。多く、一定の労働時間あたりの生産量で表す」と解説されます。なお、本項では、『ブリタニカ国際大百科事典』の「生産性」の項目にある「単に効率性の増大のみではなく，労働生活の質、環境との調和などに対する配慮も重視されている」という面をポイントに、人事担当者が各部署のマネージャーに対して行う「労働環境」や「業務の進捗」を向上させる措置や配慮を解説していきたいと思います。

テレワークで生産性をあげる要素としては、オフィス同様に仕事が生産的にできる環境整備（モバイルＰＣ、サーバへのアクセス、データ共有や遠隔会議が可能なソフト）や、社内の運用ルールの周知、テレワーカー本人の努力や工夫などさまざまな要素がありますが、なんといっても一番は「離れた場所で働く部下を普段より気にかける」点につきます。

ところで、なぜ生産性が落ちるかを考えてみましょう。

オフィス勤務では、マネージャーの指示に従った方向で部下が業務を遂行できているかが職場内で確認しやすいのですが、テレワークではその業務プロセスが確認し難くなります。部下に指示した成果が返ってきて初めて、「指示の意図が伝わっていなかった」と判明することは少なくありません。こういう場合、解決に時間がかかりやすいものです。同じ空間にいないテレワークでは、マネージャーは声かけを疎かにしてしまい、部下が誤った方向でつき進んでしまうということが起こり得ます。

そのような状況を避けるためには、**日報などの報告書だけでなく、WEB会議による週礼や朝礼などにより、オフィス以上にコミュニケーションを円滑にし、進捗状況の確認や方向性を正す作業が重要**となります。また、わからないことや、悩んでいることは、自分で抱え込まず、どんどん聞いてくるように部下に促します。

部下が相談を持ち掛けてきた際によくありがちな**「いま忙しいから後にして」という対応**

は生産性低下にもつながるとマネージャーは意識した方がいいでしょう（テレワークに限らず新人教育でも重要なことです。これを繰り返すと部下が相談に来なくなるからです）。

どうしてもすぐ対応できない場合は、「あと○分後、WEB会議で話をしよう」、あるいはその緊急度合いを聞いて「明日○時にWEB面談でも大丈夫かな？」など、対応できる日時を具体的に伝えて安心させ、決してそのまま放置することがないようにしましょう。

相手の様子が見えないことの弊害は部下からも同様で、職場内なら上司が話しかけていい状態か察することが可能ですがテレワークではできません。自分から進んで相談する部下はいいのですが**何も言ってこない部下の方が問題を抱えているケースがあります**。

それぞれの部下にもれなく対応できているか、声かけの頻度を意識し相談しやすくする工夫が必要です。最近は悩みを抱えていそうな部下や接触の少ない部下の名前を知らせるなど、内発的動機を診断しやる気スイッチを「見える化」するSaaSサービスも開発されているようです。

テレワークに関して性格的に向き不向きなどもあると思いますので、部下の個性に合った業務管理や業務指示をする工夫がオフィス勤務よりも求められる傾向があるといえます。

このように、業務の方針さえ間違わないよう、また仮に間違っても早く修正できる体制をつくれば、方針の確認に時間をかけても必ず取り戻せます。冒頭で書いたとおりオフィス勤務時のような雑務がないことを有効に活用すべきなのです。

生産性向上のために心がけたい習慣として、例えばオフィス勤務時ですぐ側に座っている同僚や部下に対しても、チャットで「いまから〇〇の会議をしますが大丈夫ですか？」と声かけをして、WEB会議を実施することによって「いつでも、どこでも」気軽に打ち合せが可能な環境づくりに役立ちます。また、常にチャットに気を配ることにつながり本来の機能が有効に活用でき、リアルタイムの対応が可能になります。あるいはWEB会議用のアカウントの1本を常時接続してつなぎっぱなしにして、いつでも「〇〇さん、いま手が空いていますか？　相談があるのですが……」と気軽に相談できる環境づくりも効果的です。

できれば、職場単位で毎日WEB会議をするのが理想的です。慣れるという目的もありますが、1日1回は全員で顔を合わせることによって「健康状態」や「仕事上の不安感」を把握することにつながります。また、定時に会議をすることで、テレワークをいいことに昼と夜が逆転しているような不健康な状態の従業員を出さないような抑制にもなります。

Q 2-7 育児中、介護中など勤務時間が不規則になりやすい社員にどう対応する?

P86～でも触れるとおり、テレワーク時においてもできる限りオフィスと近い環境にすることを勧めています。オフィスに近い環境を保つことでテレワークが推進され「どこでもWORK」が実現できます。

ただし、いくつか例外があり「育児中、介護中」においては労働時間制を検討する必要があります。

P16～で「子どもを預けなくてもよいか」の解説をしていますが、お子さんが幼児である場合や自宅で介護中の家族の要介護度が高い場合は、就業時間中であってもお子さんや家族に時間を割かれることがあるでしょう。このような場合には、在席管理（プレゼンス管理）ツール、Skype等の通話コミュニケーション製品、グループウェア等を利用することで就業時間中の在席状況等を確認（「ON」「OFF」）することがあります。

ただし、時間を割かれることが度々あると、かえって業務に集中できなくなるものです。

そこで、このような事情の場合は「みなし労働時間制」を検討するのが良いでしょう。テレワークガイドラインの前身となる在宅勤務ガイドライン（Ｐ１７０）ではその要件を次のように定めていました。

⑴当該業務が、起居寝食等私生活を営む自宅で行われていること。

⑵当該情報通信機器が、使用者の指示により常時通信可能な状態におくこととされていないこと。

⑶当該業務が、随時使用者の具体的な指示に基づいて行われていないこと。

テレワークガイドラインの策定によって⑴が削除されましたが、考え方としては自宅で業務をする場合は私生活と混在するので労働時間が算定し難いとされるからです。

現在のテレワークガイドラインにおいても「事業場外」には自宅も含まれます。

なお、在宅勤務時において「みなし労働時間制」を適用するのは「一定期間とする」ことをお勧めしています。在宅勤務者がオフィス勤務者から「楽をしている」と見られたり、あるいは、オフィス勤務者と同じように「時間どおり」働いているのを見て欲しいという要望があるからです。みなし労働時間制についてはＰ１６８～で留意点を解説しています。

Q 2-8 フレキシブルタイムを超えて労働してもフレックスタイム適用に問題ないか？

p16～で、基本的には子どもを保育園などに預けて職務に専念をルールとする企業が多いというお話をさせていただきました。しかし、2020年の緊急事態宣言発令時において、小学校休校や保育園登園自粛などにより、臨時的に子どもを側において仕事をせざるを得ない状態が続いているワーキングマザーから、「昼間子どもが側にいる状態では仕事が進まないので、早朝5時から働かざるを得ません。フレキシブルタイムである8時～20時を超えて労働した場合、フレックス制度の適用に問題はないですか？」という相談を受けました。

フレックスタイム制についてはp164～で詳しく説明しますが、この制度を導入する際、フレキシブルタイムやコアタイムを必ず設ける必要はありません。ただし、コアタイムを定めた場合においてコアタイム時間帯以外に会議などを設定した場合は「始業及び終業の時刻について労働者の決定に委ねたもの」とはいえず、フレックスタイム制とはいえなくなるものと解されます。また、労使協定においてフレキシブルタイムを定めた場合は、労働者はその範囲で労働する義務があります。

「フレキシブルタイムの範囲を超えて労働した場合」については、厚生労働省労働基準局編「労働法コンメンタール」（労務行政刊）で次のように解説されています。

「フレキシブルタイムも、コアタイムと同様、法令上必ず設けなければならないものではないが、これを設ける場合には、労使協定において、その開始及び終了の時刻を定めなければならない。フレキシブルタイムの時間帯についても、労使協定で自由に定めることができる。

フレキシブルタイムが設けられた場合には、労働者はその範囲内で労働する必要があるが、労働者がフレキシブルタイムを超えて労働した場合にも使用者がそれを認めている場合には、労働時間として取り扱われることになる」

在宅勤務でフレキシブルタイムの範囲外で業務を行ったとしても、フレックスタイム制の適用として問題はありませんが、フレキシブルタイムの範囲を超えて労働した場合の取扱いについては使用者が「認めるか否か」がポイントとなりますので、労使で話し合われるのが望ましいでしょう。また、労働時間が22時～翌5時の深夜時間帯に及ぶ場合は、必ず深夜割増賃金を支払うこととし、健康への留意も必要となります。

Q 2-9 高齢社員にもテレワークしてもらうべきか?

政府は「高齢社会対策大綱」（2019年2月閣議決定）において「テレワークは、高齢者の就業機会の拡大及び高齢者の積極的な社会への参画を促進する有効な働き方と期待されている」「テレワークが高齢者等の遠隔型勤務形態に資するものとして、テレワークの一層の普及拡大に向けた環境整備、普及啓発等を連携して推進している」としています。

緊急事態宣言発令後に実施された、ウイングアーク1st株式会社（東京都）による2020年5月7〜15日に行った調査では、「製造業の4社に1社」は工場でもテレワークを実施していたと答えており、その対象者の一例として、感染によるリスクの高い「妊婦や高齢の嘱託社員」があげられています（ウイングアーク1st株式会社「新型コロナウイルス対策としてのテレワークの実態調査」）。

定年を迎え体力的に自信のないシニア世代や、障がいがあり毎日の通勤が困難な人でも、在宅での業務が可能となれば、働く機会が増大します。

テレワークを導入することで企業は労働力を確保できる上に、働き方や雇用形態によってはコスト削減にもつながります。高齢者は、ワークライフバランスを保ちながら、仕事を継続することで収入を確保でき、**企業も高齢者も互いにＷｉｎ－Ｗｉｎの関係を築くことができます。**

■高齢社員の活用事例

一般社団法人日本テレワーク協会主催「テレワーク推進賞」において、２００４年に第５回「会長賞」、２０１６年に第16回「優秀賞」を受賞したＮＴＴコムチェオ株式会社（本社・東京都港区）は、人口減社会における労働力確保などの解決に貢献できる事業モデルとして、早い時期から高齢者雇用に取り組んできました。

２０１８年第18回「会長賞」に加え、同年にテレワーク推進企業等厚生労働大臣表彰（輝くテレワーク賞）「優秀賞」を受賞した味の素株式会社（本社・東京都中央区）では、多様な人材の活躍を推進するなかで、テレワークの対象として定年退職後のシニア社員の利用を推奨しています。この結果、２０１６年度比で定年退職後のシニア社員利用者は２・４倍（20

人から48人）となり、テレワークの総実施回数は1・2倍となりました。

２０１6年に第16回「優秀賞」を受賞した株式会社タツミコーポレーション（東京都中央区）では、出産・育児・介護・定年などの理由で退職したＯＢ・ＯＧに在宅スタッフとして業務委託し、経験を要する「水回り部門」の見積もり作成業務を独自のシステムを利用して行ってもらうことで、人材不足の課題を解消しています。

２０１3年に第13回「優秀賞」を受賞し、２０１８年に総務省テレワーク先駆者百選総務大臣賞に選ばれた向洋電機土木株式会社（神奈川県横浜市）では、経験の浅い現場作業員がＷＥＢカメラを携帯し、70歳の高齢社員をはじめとするベテラン社員がＷＥＢカメラからの現場の映像をもとに、遠隔地から指導を行っています。

作業現場は夏は暑く冬は寒く、さまざまな障害物があるなど体力の消耗が激しい場所です。このような遠隔でのコミュニケーションを確立させることで、高齢社員が現場に行かなくても、その長年の技術伝承が実現可能となります。

テレワークを利用することで、高齢社員は雇用と自分のやりがいの確保ができ、企業は次世代育成のための能力開発を、貴重な知識と経験を持つ高齢社員に任せることができるので

WEBカメラからの映像をもとにシニア社員が指導を行う
（写真提供：向洋電機土木株式会社　※写真内の年齢は撮影当時）

す（総務省「働き方改革のためのテレワーク導入モデル」2018年6月より）。

第3章

意外と知らない基礎知識

Q 3-1 そもそもテレワークって何？ 時間も場所もすべて自由でいいの？

「テレワークって電話の仕事？　テレアポ？」。「はじめに」で書いたように、ほんの10年程前には、多くの人が首をかしげるほど、テレワークは世に知られていない働き方でした。

しかし、2020年コロナウイルス感染防止対策として、メディアやニュースだけでなく各交通機関のアナウンスでも「テレワーク」が広く呼びかけられ、ほとんどの人が「テレワーク」という言葉を知ることとなり、各企業では緊急避難的とはいえ、テレワークが数多く実施されました。

わが国でのテレワークの定義は、「ＩＣＴ（情報通信技術）を活用し、場所や時間を有効に活用できる柔軟な働き方」とされており、「テレ（Ｔｅｌｅ＝離れて）」と「ワーク（Ｗｏｒｋ＝働く）」の造語です。いつも働いている主な就業場所から離れた場所でＩＣＴを利用して働いている場合は全て「テレワーク」となります（図表３−１）。

定義の中に「場所や時間を有効に活用できる柔軟な働き方」という表現があるため、場所

図表3-1　テレワークの区分

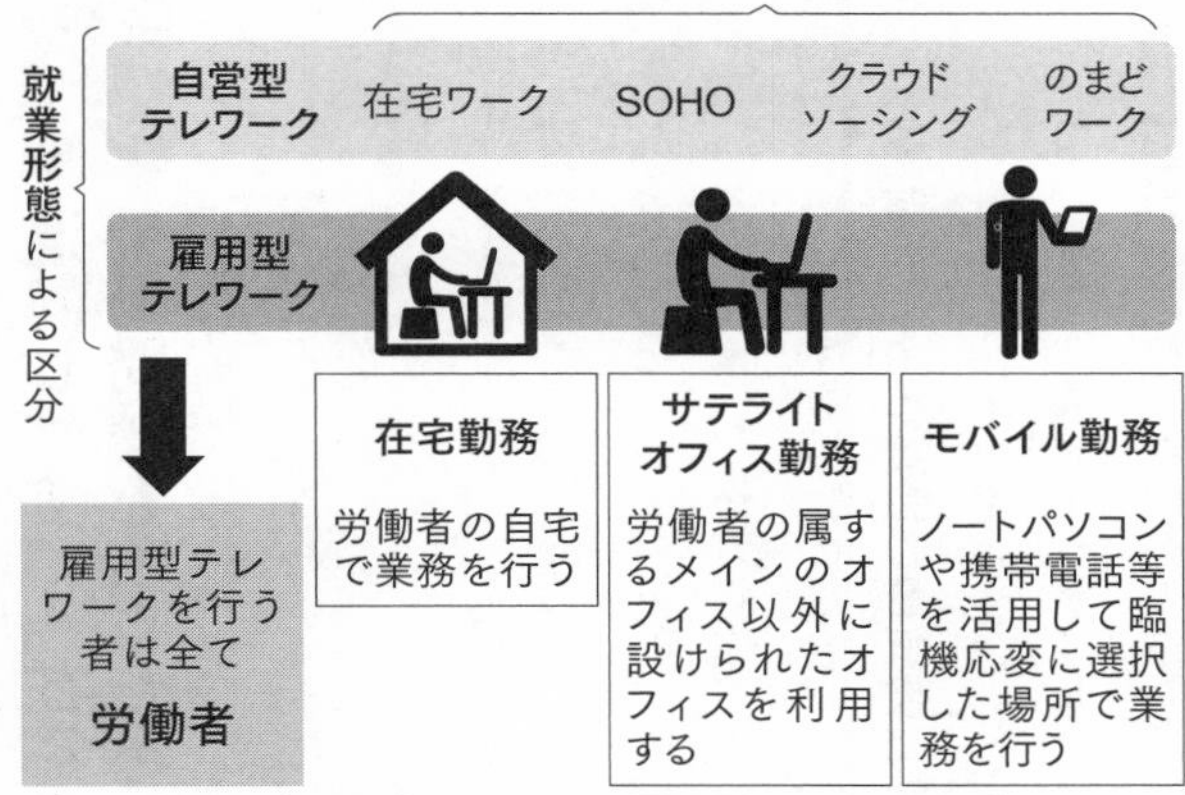

も時間も全て「自由」な働き方だと思われがちですが、**基本的には「働く場所が違うだけ」であり、「いつものオフィス以外の場所で働く」ということがテレワークの基本**となります。

従って、労働者が行う雇用型テレワークについては、使用者の指揮命令のもとに定められたルールに従って働くことに変わりはありません。時間を柔軟にすればするほど、検討すべきルールや就業規則やテレワーク勤務規程に新たに定める事項も多くなります。まずはオフィスと同じ労働時間を基本として、場所だけ変えるところから始めると導入がしやすいでしょう。

Q 3-2 混同しやすい「在宅フリーランス」と「在宅勤務」。労働問題を防ぐために、注意すべき両者の違いとは？

前ページの図表3－1にもあるように、テレワークは、就業形態と就業場所により分類することができます。

自宅で行うテレワークには、「在宅勤務」と「在宅ワーク」があります。雇用契約なら「在宅勤務」、請負契約なら「在宅ワーク」として区別しています。

自宅で仕事を行うという点は同じでも、この2つは全く違うものです。これらを混同してとらえていると、思わぬ労働問題に発展することがあるので注意が必要です。

雇用契約による**「在宅勤務」の場合、在宅勤務者は労働者であり、時間管理を行わなくてはならず、労働時間による賃金の最低保障額も必要**です。

オフィスではなく在宅で業務を行わせるため、社員に対して、「指揮命令はするが、時間管理は行わず、処理件数や売り上げた額に応じて報酬を支払いたい」と考える企業がありま す。これは「目の前にいないのだから時間管理なんてできない」という思い込みにより起こ

図表 3-2 「雇用型テレワーク」とは？

雇用契約における**「労働者」**は、職業の種類を問わず、事業または事務所に使用される者で、賃金を支払われる者
1.**「使用される＝指揮監督下の労働」**という労務提供の形態
2.**「賃金支払」**という報酬の労務に対する対償性

雇用契約による「雇用型テレワーカー」は、社会保険の加入はじめ、労働基準法、労働契約法、最低賃金法、労働安全衛生法、労働者災害補償保険法が適用される。

■雇用型テレワーカーの場合→雇用保険の被保険者要件が目安

- 指揮命令系統が明確なこと
- 拘束時間等が明確なこと
- 各日の始業・終業時刻等の勤務時間管理が可能なこと
- 報酬が、勤務した時間または時間を基準としていること
- 請負・委任的でないこと

（平3・4・1職発165、最終改定　平19・8・1職発0801006）

りやすい誤解であり、実は非常に危険な考え方です。このような誤解に基づき、例えば、**出来高の少ない在宅勤務者に対して、「労働時間に応じた最低保障額」に満たない賃金しか支払わない、ということはできません。**

一方、「在宅ワーク」の場合、成果物に対する対価（報酬）となります。また、在宅ワーカーに対して細かい指揮命令を行うと、在宅ワーカーの「労働者性」が強くなり、使用従属関係にあると認められれば「偽装請負」のリスクが生じてしまいます。

在宅勤務と在宅ワークはそれぞれ混

図表3-3 「自営型テレワーク」とは？

請負・委任契約による「自営型テレワーカー」は雇用契約と異なり「使用者」と「労働者」という主従の関係にない独立した事業者間の契約である。社会保険の加入や労働基準法や労働契約法はじめ労働者に関する法律は適用されない。

■自営型テレワーカーの場合→「使用従属性」がないことに注意

- 仕事の依頼・業務従事の指示等に対する諾否の自由があること
- 業務遂行上の指揮監督に縛られないの程度が弱いこと
- 勤務場所・勤務時間が拘束されていないこと
- 報酬の労務対償性がないこと
- 機械、器具が会社負担によって用意されていないこと
- 報酬の額が一般従業員と同一ではないこと
- 専属性がないこと
- 就業規則・服務規律の適用がないこと
- 給与所得として源泉徴収されていないこと
- 退職金制度、福利厚生制度の適用を受けることができないこと

実態により判断

［参考］ 労働基準法研究会報告「労働基準法の『労働者』の判断基準について」昭和60年

同しやすく、在宅ワーカー自身も請負契約であることを理解せず、在宅勤務者（雇用契約）のつもりで働いていることも少なくありません（図表3－2、3－3）。

これによって、業績不振で仕事の発注ができなくなった場合（解雇問題）や、業務量が報酬に見合わない場合（残業問題）、就業中に負傷を負った場合の補償（労災請求）など、請負契約のはずの在宅ワーカーが「労働者性」を主張し、労働問題に発展する可能性は十分にあります。

なぜなら、現在までの「労働者性に

関する判例」をみますと、裁判所は、雇用契約、請負契約といった形式的な契約形式のいかんにかかわらず、実質的な使用従属性を、労務提供の形態や報酬の労務対償性、これらに関連する諸要素をも勘案して総合的に判断しているのです。

具体的には、①仕事の依頼、業務従事の指示等に対する諾否の自由の有無、②業務遂行上の指揮監督の有無（業務の内容および遂行方法に対する指揮命令、拘束性、代替性）などで、当該契約当事者間における労務提供について、実質上、使用従属関係があるか否かがポイントになります。また、労働者性をより広くとらえる労働組合法上の労働者の扱いにも留意する必要があります。

これは、営業など外勤の従業員などにもあり得る問題で、モバイル勤務でのテレワークを導入する際にも、「労働者性」の判断基準を正しく理解したうえで就業者に就労形態を説明し、形態に応じて適切な対応をするよう注意しなければなりません。

テレワークによって、労働問題が生じるようなことのないよう、就労形態による指揮命令や管理方法について、十分理解の上、対応することが重要です。

Q 3-3 テレワークで得られる最大のメリットとは?

テレワークの最大のメリットは、働く場所を柔軟にすることにより、**無駄な移動を減らして効果的に働けること**です。まさに新型コロナウイルス感染防止対策としてのテレワークでは、その効果を存分に発揮していたといえるでしょう。しかし、移動や通勤が減ることで得られる効果は、新型コロナウイルス感染防止対策以外にもたくさんあります。

企業に雇用されて働く人の多くは、就業場所であるオフィスで働くため、自宅からオフィスへと通勤しなければなりません。自宅とオフィスが近い場合や、交通混雑のない地域であれば、それほど負担がないかもしれませんが、大都市圏に勤務する人は、毎日の通勤に長い時間がかかったり、満員電車に揺られたりして、大きなストレスを感じている人は非常に多いと考えられます。

総務省の調査によると、通勤・通学時間の全国平均は1時間19分。最も通勤時間が長いのは神奈川県（1時間45分）で2位は千葉県（1時間42分）、3位は埼玉県（1時間36分）とトップ3を首都圏エリアが占めています（総務省統計局「平成28年社会生活基本調査」）。

実際に、新型コロナウイルス感染拡大後に行われた初の内閣府調査結果では、今回の感染症の影響下において、1週間にかける通勤時間の変化をたずねた所、東京都23区では56・1%、東京圏（東京都、埼玉県、千葉県、神奈川県）では50・4%、大阪圏・名古屋圏では37・1%、地方圏（三大都市以外の北海道と36県）では27・9%の就業者が「減った」と答えています。また、通勤時間が減ったと回答した就業者に現在の通勤時間を今後も保ちたいかとの質問には、全ての圏において7割の就業者が「継続したい」と答えています（内閣府「新型コロナウイルス感染症の影響下における生活意識・行動の変化に関する調査」）。

通勤時間がなくなると、その時間を「家事や育児」「家族と過ごす時間」「趣味（芸術、料理等）」「ビジネス関係の勉強（資格取得、語学等）」「起業、副業」（同調査の「新しいことへのチャレンジ」を参考）に費やすことができます。

単なる時間の創出だけでなく、**従業員のモチベーションを高め、仕事の効率を上げる**ためにも、企業におけるテレワークは有効な働き方だといえます。

Q 3-4 社員、会社、社会が得られる具体的なメリットって？

通勤や移動を削減し効率的に働くことができるテレワークは、就業者だけでなく、企業、社会のそれぞれにプラスの効果が広がる「三方よし」の働き方です。

■就業者への効果――育児や介護との両立がしやすく

2014年実施の厚生労働省のテレワークモデル実証事業での従業員アンケートにて、テレワークによりどのような効果があったか尋ねたところ、「電話や話し声等に邪魔されず、業務に集中できる」が76・3％と最も多く、次いで、「自律・自己管理的な働き方ができるようになった」「育児と両立が可能になった」「生産性・創造性が向上している」なども半数以上と、業務の生産性や能力、意欲の向上を感じている従業員が多いことがうかがえます。

育児期の利用者についていえば、74・1％が「育児と仕事の両立が可能になった」と答えています。また、テレワークの利用で家事や育児、団らんの時間だけでなく自己啓発の時間

図表3-4　テレワークのメリット（複数回答、上位5項目）

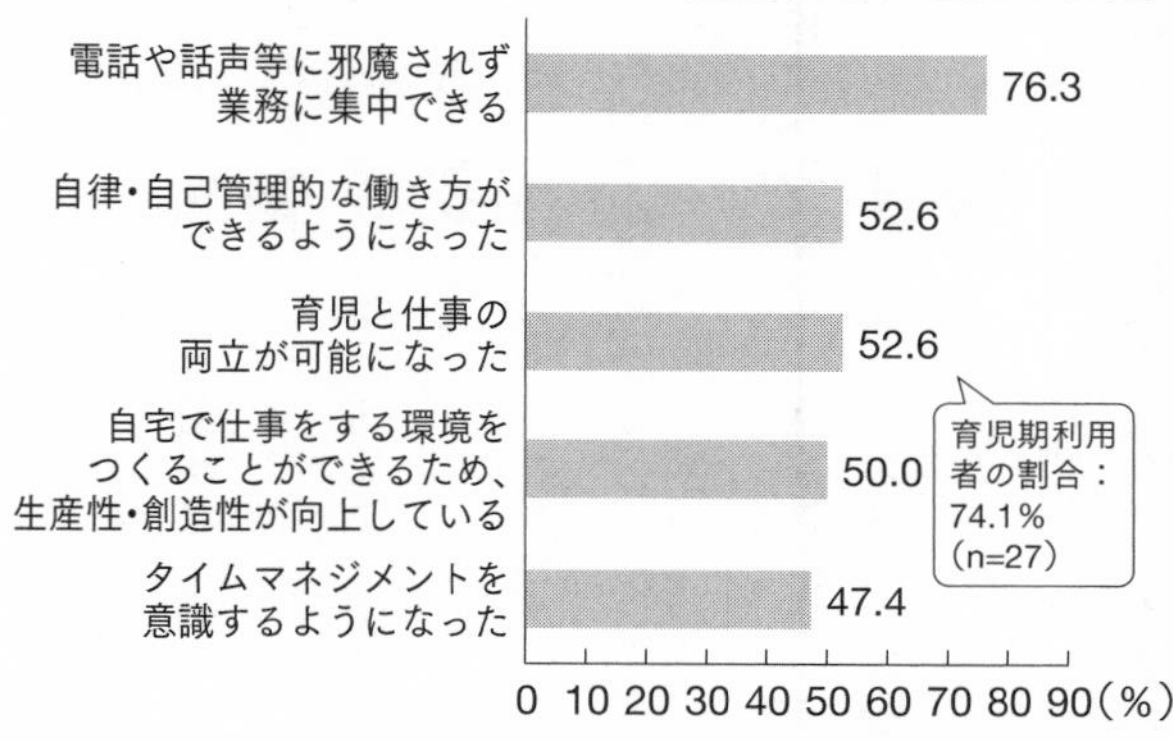

［出所］厚生労働省「平成27年度テレワーク活用の好事例集」従業員アンケート

も増えるなど、従業員の能力開発にも役立ちます。

今後さらに大きな課題となる仕事と介護の両立についても、在宅勤務をすることで、通勤時間を介護や送迎などに充てることができます。

さらに、高齢者と昼休みに食事をともにすることが医学的に高齢者の健康に良い影響を与えるとされているなど、介護の質を高めることにもつながるでしょう。

また、近年晩婚化が進み、育児期と介護期が重なる「ダブルケア」を担う就業者も出始めてきています。仕事と複合化するケア責任をどう両立させていくのかが重要な課題となりつつありますが、テレワークは処方箋の一つになり得るでしょう。

また、フレックスタイムや就業時間の繰り上げと繰り下げ、半日単位・時間単位年休などの利用と併せて在宅勤務をすることで、丸1日休まなくても学校行事に参加できるのは、育児期の就業者には非常にありがたいことです。

また、通勤時間の削減で、通院や習い事などがしやすくなったり、地域コミュニティへの参加機会を増やしたりすることも可能です。仕事以外の趣味や仲間を持つ機会を得ることが日々のストレス解消や定年後の過ごし方に影響するなど、テレワークは就業者の人生にとっての大切な時間を生み出すことができます。

■企業への効果――生産性向上、有能な人材の流出防止にも

2020年新型コロナウイルス感染症拡大により、テレワークが企業の事業継続性の確保に有効と認識されました。

従業員が計画的・集中的に業務を実施することによる生産性の向上や、その他、有能な人材の確保や流出防止策など、さまざまな効果があります。

従来、テレワーク導入のきっかけとして多くみられたのは、育児・介護等による離職防止でしたが、今では育児・介護だけでなく配偶者の転勤で退職せざるを得なかった従業員が完全テレワークをすることで働き続ける例も年々増えています。ずっと日本の労働市場で問題とされてきた「M字カーブ」（出産・育児期の女性が仕事を離れ、就業率がいったん落ち込むこと）を緩やかにしている要因のひとつにもなっていると考えられます。

2020年第20回テレワーク推進賞「会長賞」を受賞した株式会社ワークスマイルラボ（岡山市南区福浜町）は、30人規模企業であるにも関わらず地元岡山の大学生の希望就職先として県内4位にランクインしており、ハローワークの求人票に「在宅勤務可」と入れる効果もあって、中途採用への応募が3倍になったと話しておられます。

その他、通勤困難者はじめ全国規模での障がい者雇用や、本社移転、オフィス縮小などによるコスト削減においても、今後ますます企業への効果は増大するものだと思われます。

■社会にとっての効果——離職防止、労働力確保、都市一極集中の解消も

さらに社会全体にとって、テレワークの普及は、子育てや介護等を理由とした離職の抑制

図表 3-5　テレワークの三方位への効果

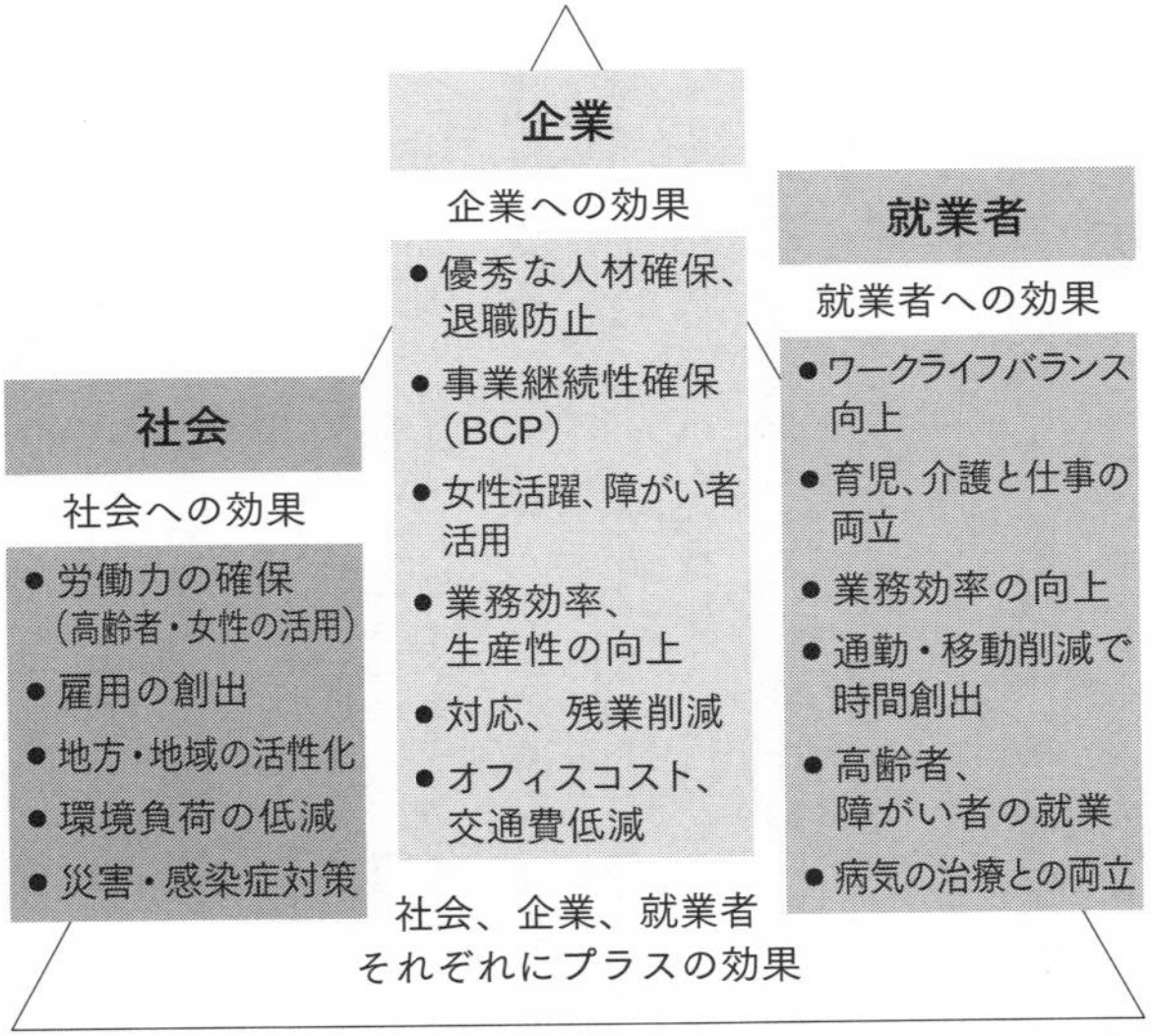

企業

企業への効果

- 優秀な人材確保、退職防止
- 事業継続性確保（BCP）
- 女性活躍、障がい者活用
- 業務効率、生産性の向上
- 対応、残業削減
- オフィスコスト、交通費低減

就業者

就業者への効果

- ワークライフバランス向上
- 育児、介護と仕事の両立
- 業務効率の向上
- 通勤・移動削減で時間創出
- 高齢者、障がい者の就業
- 病気の治療との両立

社会

社会への効果

- 労働力の確保（高齢者・女性の活用）
- 雇用の創出
- 地方・地域の活性化
- 環境負荷の低減
- 災害・感染症対策

社会、企業、就業者
それぞれにプラスの効果

や、退職した高齢者や通勤が困難な障がい者等の就業につながると考えられており、生産年齢人口の減少が進む中での労働力の確保策としても期待されています。

都市部の企業が地方のサテライトオフィスを設置または契約して従業員にテレワークの機会を提供する事例も増えており、テレワークの普及が、UJIターン・二地域居住の促進や地域への企業進出等を通じて、地域活性化にもつながると期待されています（図表3－5）。

新型コロナウイルス感染防止対策をきっかけとした大規模なテレワークの普及により、オフィスの存在価値や、「単身赴任」や「転勤」などについて見直す企業も増えてきています。テレワークは場所に縛られない「働き方」だけでなく、場所に縛られない「暮らし方」など、社会の構造自体に変化を与えると言っても過言ではないでしょう。

Q 3-5-1 「明日からテレワークに」スムーズな移行のため、企業が備えておくべき2点とは？

2020年4月、7都府県に緊急事態宣言が発令され、企業においてはテレワークが求められました。このように、突然テレワークの実施を強いられるケースに備え、**企業が普段から整えておくべきは、①ICT環境、②働き方（労務管理）の2つ**です（図表3－6）。

ICT環境については、各社状況はさまざまです。持ち帰りできるノートパソコンから社内のシステムに接続できる場合などは、特別にセキュリティの制御がない限り、すぐにでも遠隔から業務を行うことができるでしょう。オフィスのパソコンがデスクトップのみで、緊急避難的に自宅パソコンを利用するしかない場合などでも、「リモートデスクトップシステム」を利用して自宅オフィスのパソコンを遠隔操作する方法があります。

この「リモートデスクトップシステム」は、データがそのまま送信されるのではなく、オフィスのデスクトップ画面映像のみが転送されるので、比較的セキュアな状態で社内システムに接続することができます。また、データそのものを書き換えたり保存できるのはオフィ

図表3-6　テレワークにおける2つの視点

テレワークとは
「**情報通信技術（ICT）**を活用した、
時間や場所を有効に活用できる柔軟な**働き方**」

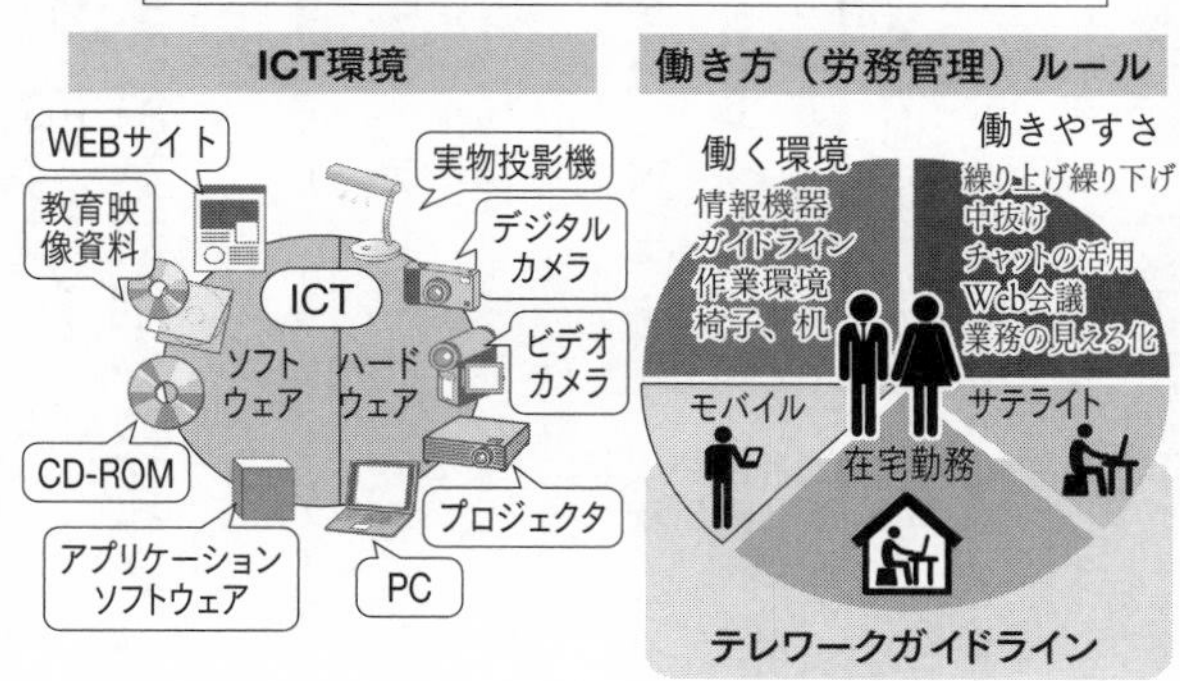

スにあるパソコンなので、データが手元のパソコンに残らないというのも安心です。

遠隔でパソコンを操作できる「リモートデスクトップシステム」は無料で利用できるサービスもありますが、セキュリティレベルや従業員の知識が十分でない場合、有料のものの方が安心です。このシステムは比較的廉価（1000円前後〜／月）な上、ネット申し込みと同時にお試しで利用できるツールが多数ありますので、明日からでも利用可能です。

その他、テレワークを快適に行うためのコミュニケーションツールとして、チャットやWEB会議システムなどを用意すると良いでしょう（P92〜参照）。

Q 3-5-2 【明日テレ①】就業規則を変えずにテレワークを行う時の注意点は?

明日からすぐテレワークに。こんな事態がまた訪れる可能性がないとは限りません。準備期間がほぼないなかで働き方の変更を迫られることになりますが、こうした緊急テレワークのポイントは「就業規則を変えない」ことです。

よく「テレワークをするためには就業規則を変えなくてはならないのか」という質問を受けます。答えは「NO」です。現状の就業規則に定めている服務規律、賃金、労働時間など労働条件を変更せずにその範囲内で、オフィスから自宅に「場所が変わるだけ」のテレワークを行えば、**就業規則を変えずに明日からでもテレワークは可能**です(図表3－7)。

現状の就業規則に定めている服務規律だけではテレワークに踏み切れない場合などは、覚書(あるいは誓約書)などに補足事項を追加することで、職務専念義務や守秘義務などについて、より厳密な周知を図ることができます。

なお、就業規則の服務規律に違反するとその社員は懲戒処分の対象となり得ますが、覚書

図表 3-7　就業規則の変更は必要？

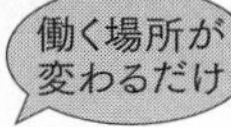

就業規則の範囲内でテレワークを行う

労働時間制度は変更しない

同じ

会社　テレワーク

就業規則を変えなくても明日からでも「直ぐ」にテレワーク実施可能

服務規律、賃金、労働時間など労働条件の変更なし

労働時間制度	既存の就業規則に規定する「労働時間制」の範囲内	就業規則に定め（記載）がなければ、フレックスタイム制を適用することはできない
服務規律	既存の就業規則に規定する「服務規律」の範囲内	範囲を超える場合は追加の覚書

ポイント	「現行の就業規則の範囲内」ならば就業規則を変更しなくてもテレワークを導入できる

図表 3-8　テレワーク導入を機にフレックスタイム制を導入する場合

フレックスタイム制の導入要件

①**就業規則**等に**始業及び終業の時刻を労働者の決定に委ねる**ことを定めてください。
②労使協定で制度の基本的枠組みを定めてください。
　a 対象となる労働者の範囲　b 清算期間
　c 清算期間における総労働時間（清算期間における所定労 働時間）
　d 標準となる一日の労働時間
　e コアタイム（※任意）　　f フレキシブルタイム（※任意）

上記①及び②を満たした場合にフレックスタイム制を採用できることとしている

（作成及び届け出の義務）
第八十九条　常時十人以上の労働者を使用する使用者は、次に掲げる事項について就業規則を作成し、行政官庁に届け出なければならない。次に掲げる事項を変更した場合においても、同様とする。
一．**始業及び終業の時刻**、休憩時間、休日、休暇並びに労働者を二組以上に分けて交替に就業させる場合においては就業時転換に関する事項

図表 3-9　緊急対応やトライアル後に就業規則の変更

【例】テレワーク導入を機に「中抜け制度」を導入しようとする場合

中抜けする際に既存の就業規則で対応する場合の規定

（遅刻、早退、欠勤等）
第18条　労働者は遅刻、早退若しくは欠勤をし、又は**勤務時間中に私用で事業場から外出する場合**は、**事前に●●に対し申し出るとともに、承認を受けなければならない。**ただし、やむを得ない理由で事前に申し出ることができなかった場合は、事後に速やかに届出をし、承認を得なければならない。
2　以下略

（労働時間及び休憩時間）
第19条　労働時間は、1週間については40時間、1日については8時間とする。
2　始業・終業の時刻及び休憩時間は、次のとおりとする。ただし、**業務の都合その他やむを得ない事情により、これらを繰り上げ、又は繰り下げることがある**。この場合、**前日までに労働者に通知する。**

事前に承認が必要

前日までに通知が必要

上記の規定があれば就業規則を変更することなく運用でスタートができる

事前に○○に対し申し出るとともに、承認を受けなければならない　＋

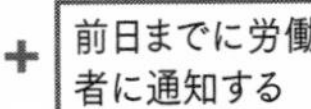

▶　トライアル期間中は従業員の同意のもとに運用する

緊急対応やトライアル終了後に就業規則を変更して届け出する

柔軟な運用にしたい場合の規定例

【変更する規定案（在宅勤務者の例）】

（育児・介護の事由による始業・終業時刻の変更等）

第8条　在宅勤務者が育児・介護の事由により始業時刻・就業時刻・休憩時間を変更する場合については、次の各号の定めによる。
(1)「育児・介護休業規程」に定める保育園等や介護施設への送り迎えのためや子どもや家族の世話のために、始業時刻、終業時刻の繰り上げ繰り下げ、あるいは業務を一時休止する時間（以下「送り迎え等に要する時間分」という）について、日報において事後報告することができる。

（あるいは誓約書）に違反してもその社員を懲戒処分まではできないので、その点には注意が必要です。

また、就業規則を変更しないでテレワークを行うからには、新たな労働時間制度などを導入できません。

自宅でもオフィスにいるときと同じ働き方を社員にしてもらうことになります。テレワークの導入を機に労働時間を柔軟にしたいと、臨時的にフレックスタイム制度を採ろうとされる企業がありますが、例えばフレックスタイム制を導入する場合は、導入要件として、労使協定を締結し、就業規則に必要事項を記載する必要があります（図表３－８）。

みなし労働時間制などの裁量労働制を導入する場合も同じく、それぞれの制度に必要な導入条件を満たす必要があり、就業規則に定めなければなりません（Ｐ１６８～参照）。

また、労働時間制度までは変更しない場合でも、就業規則に私用外出や、所定労働時間の繰り上げ繰り下げの規定があれば、その範囲内で柔軟な働き方を工夫するようにして下さい。

就業規則の範囲内でテレワークをスタートした後に「従業員からの要望」や「業務の進め方」等の改善点を集約してルール化や、必要に応じて就業規則の変更を行って下さい。

Q 3-5-3 【明日テレ②】就業規則を変えない場合、通信費など誰が負担する？

テレワークを行う際には、さまざまな費用が発生します。業務に関わる機器や消耗品購入費については、会社負担である場合が多く、その他の経費についてもできる限り会社負担とする方が望ましいとされています。郵送費や文房具など、あらかじめ会社で用意ができず、労働者が立て替える場合は、費用の精算方法などを明確にしておきましょう。

これまで何度も書いてきたとおり通信費などの「切り分けがしにくい」費用を従業員に負担させる場合も、「労働基準法第89条」において、その旨を就業規則に記載し、手続きに則って所轄労働基準監督署に届け出る必要があります。

通信費については、自宅の通信環境を利用する場合、その通信費が従量制である場合などは「切り分けがしにくい」費用となり、その費用を本人負担とするならば、就業規則に記載が必要となります。週に1、2日の在宅勤務の場合であれば従業員の負担も大きくないことから就業規則に「在宅勤務に伴って発生する水道光熱費は在宅勤務者の負担とする」などと労働

図表 3-10　テレワークにかかる費用の扱い

機器購入費	通信費
  パソコン本体や周辺機器、携帯、スマートフォンなどについては、会社から貸与しているケースが多い	  モバイル勤務では携帯電話やノート型パソコンを会社から貸与し、無線LAN等の通信費用も会社負担しているケースが多い
消耗品購入費	**光熱費**
  ・文具消耗品は会社が購入したものを使用 ・切手や宅配メール便等は事前に配布 ・会社宛の宅急便は着払いとするなど	  頻度によりさまざま。光熱費は、業務使用分との切り分けが困難なため、テレワーク手当に含めて支払う企業の例もみられる

者の負担とする企業も多くみられました。

しかし、緊急で在宅勤務を実施する場合など、すぐに就業規則を変更する時間やタイミングが計れない場合があります。そのような場合は、**労働者に費用の負担を一切させず、企業がとことん負担することで、就業規則を変更しなくてもテレワークを行うことができます。**長期間の完全在宅勤務が多数実施された際には、月々の在宅勤務手当や環境整備のための一時金を支払うことにより、会社側が費用負担をする例もみられました。経費の負担や精算方法については、労使で十分に話し合って、あらかじめルールを決めておくことが重要です。

Q 3-5-4 【明日テレ③】オフィスと同じように、タスク管理を行うコツは？

テレワークだと働いている様子が目に見えないので、成果物でしかタスクの管理ができないと思われがちです。しかし、テレワークであっても「業務の見える化」を行うことによって、オフィスと同じようにプロセスの管理をすることができます。

本来、業務の見える化をするためには、業務の棚卸しから始め、分析・分類を行うなど、とても時間と根気のいる作業が必要です。しかし、**日報などの報告書の活用と、ICT機器でのコミュニケーションツールを利用すれば、オフィスと同じようなコミュニケーション空間を作り上げる**ことができます。

コミュニケーションに利用できる便利なツールは多数ありますが、ここでは、少ない費用で構築できる弊社のコミュニケーションの事例を紹介します。まずは、WEBカレンダーに各自の予定と業務内容を入力し、その内容を毎日の朝礼等で発表することで、メンバーの予定と業務内容の確認を行います。この朝礼はオフィス勤務者も会議室等に対面で集合するのではなく、全員が自席からWEB会議で行うことがポイントです。

また、在宅勤務者は、いままでオフィスにいたと思われる時間（外出する際や会議中等以外）は、基本的にWEB会議システムに全員が常時接続しておきます。在宅勤務者は、休憩時間や集中タイム以外は、スピーカーのみ聞こえる程度の音量でオンにしておき、声をかけたり、話をするときのみ、カメラとマイクをオンにして話します。

その際の会話は在宅勤務者全員に聞こえているので、関連する話題であれば会話に参加することもできますし、オフィスにいた時と同じようにメンバーの会話が自然に耳に入り、情報や雑談が自然に耳に入ってくるので、頻度の高い在宅勤務者の孤独感の解消にもなります（P55〜参照）。

Q 3-6 社員がどんな環境で在宅勤務をしていても会社はノータッチでいい？

自宅で作業する在宅勤務時の法律の適用について2つの観点で整理する必要があります。

第一は、在宅勤務者も労働基準法上の**労働者であるからには「労働安全衛生法等の労働基準関係法令が適用」**されます。従いまして、労働基準法は当然ながら労働安全衛生法に定める健康診断や健康確保措置については法律に則った措置を講じる義務があります。

第二は、情報機器を使った作業や事務所衛生基準規則に定められた作業環境ですが、**「自宅」はこれら法律等の適用がないため、「同等となるよう」助言等を行う**ことが望ましいとされていることです。根拠は次のとおりです。

【事務所衛生基準規則】（適用）第1条　この省令は、事務所について、適用する。

ここでいう事務所とは条文のカッコ書きに「建築基準法第二条第一号に掲げる建築物又はその一部で、事務作業に従事する労働者が主として使用するものをいう」とただし書きがあります。従って「自宅」は事務所衛生基準規則の適用がありません。

なお、主な衛生基準は「気積（労働者一人について、十立方メートル以上など）」「換気」「温度」「空気調和設備等による調整」「燃焼器具」「照度等」「騒音及び振動の防止」「騒音伝ぱの防止」等が定められていて、テレワークガイドラインでは、これらについて「在宅であっても同等となることが望ましい」とされています。

「情報機器作業における労働衛生管理のためのガイドライン」（「情報機器ガイドライン」といいます）では、対象となる作業は次のように定められています。「対象となる作業は、事務所（事務所衛生基準規則第1条第1項に規定する事務所をいう。以下同じ）において行われる情報機器作業（パソコンやタブレット端末等の情報機器を使用して、データの入力・検索・照合等、文章・画像等の作成・編集・修正等、プログラミング、監視等を行う作業）をいう」。「事務所で行われる情報機器作業」ですので、自宅で行う情報機器作業は対象となりませんが、同様にテレワークガイドラインで「同等となることが望ましい」とされています。

なお、情報機器ガイドラインでは次の労働衛生管理が求められています。

●作業環境管理

照明及び採光…ディスプレイ画面上における照度は500ルクス以下、書類上及びキーボード上における照度は300ルクス以上を目安とし、作業しやすい照度とすること等。

情報機器等…デスクトップ型機器では作業を負担なく遂行できる要件、ノート型機器では外付けキーボードを使用等。

椅子…床からの座面の高さは、作業者の体形に合わせて、適切な状態に調整できること等

机又は作業台は作業者に合ったものを、ほか。

●作業管理

作業時間等…一連続作業時間が1時間を超えないようにし、次の連続作業までの間に10分~15分の作業休止時間を設け、かつ、一連続作業時間内において1~2回程度の小休止を設けるよう指導すること等。

作業者に自然で無理のない姿勢…ディスプレイはおおむね40cm以上の視距離が確保できるようにすること等。

●情報機器等及び作業環境の維持管理

日常の点検、定期点検、清掃。

●健康管理

健康診断…配置前健康診断、定期健康診断、健康診断結果に基づく事後措置が定められていますが、労働安全衛生法に基づく定期健康診断等との違いは、主に「眼科学的検査」となっていることです。

健康相談…メンタルヘルス、健康上の不安、慢性疲労、ストレス等による症状、自己管理の方法等についての健康相談の機会を設けるよう努めること。

職場体操等…就業の前後又は就業中に、体操、ストレッチ、リラクゼーション、軽い運動等を行うことが望ましい。

●労働衛生教育

作業者に対する教育内容…情報機器ガイドラインの概要。作業管理、作業環境管理、健康管理等。

管理者に対する教育内容…作業者に対する教育内容に加え、作業時間管理、作業環境（作業空間、ワークステーション、什器、採光・照明、空調など）、健康相談・健康診断（受け方）、事後措置、となっています。

●配慮事項等

高齢者に対する配慮事項等…照明条件やディスプレイに表示する文字の大きさ等を作業者ごとに見やすいように設定する等。

障がい等を有する作業者に対する配慮事項…情報機器作業の入力装置であるキーボードとマウスなどが使用しにくい障がい等を有する者には、必要な音声入力装置等を使用できるようにするなど。

テレワークを行う労働者に対する配慮事項…情報機器ガイドラインのほか、テレワークガイドラインを参照して必要な健康確保措置を講じること。事業者が業務のために提供している作業場以外でテレワークを行う場合については、事務所衛生基準規則、労働安全衛生規則及び情報機器ガイドラインの衛生基準と同等の作業環境となるよう、テレワークを行う労働者に助言等を行うことが望ましい。

以上のようになりますので、自宅でもこの環境に近づけるよう、従業員には助言を行うといいでしょう。ただ、自宅の環境については、自宅への訪問や、家全体の見取り図まで提出させてしまうと、プライバシーの侵害になる恐れがありますので十分に注意しましょう。

また、就業環境については、特に机、椅子に関して、身体に合ったものでないと、肩こりや腰痛などを引き起こす大きな要因となりますので特に注意が必要です。

情報機器ガイドラインには、「椅子は高さ調節が可能なものを使うこと」「PCを使う場合は、モニター画面の上端が目線と同じか、少し低い位置に来るようにすること」などが推奨されていますが、この研究チームの一人である理学療法士の福谷直人さんは「モニターは正面に」「キーボードは身体から15cm程度離す」こともポイントだと指摘しています。

このような望ましい環境を構築するためには、ノートパソコンだけでは難しいことも考えられますので、外付けのモニターやキーボードなどを活用すると効果的です。

実際にテレワークをされている企業にヒアリングしたところ、会社の液晶ディスプレイをテレワーク用に自宅使用することを推奨し、希望者には宅配手配をするなど、各自の生活環境に合わせ選択できるようにされていたそうです。

なお、在宅ではなく、サテライトオフィスの場合は、そのほとんどが「事務所」に該当すると考えられます。本項冒頭の「事務所衛生基準規則」「テレワークガイドライン」「情報機器ガイドライン」に定められた事項を講じる必要があると考えます。

Q 3-7 「WEB会議できる場所がない」「ネットがつながりにくい」等、個別の問題にどう対処すべきか？

オフィスであれば、従業員に対してテレワークに適した作業環境を構築することができますが、自宅での就業環境は各自の住居環境や家族構成に大きく影響を受けます。

自宅でテレワークを行う場合も、まずPC環境・インターネット環境が重要です。もし自社に情報システム部門があれば、**事前に会社として提供できる環境・機器・自宅などでの推奨されるインターネット接続環境などを確認・共有し、コンセンサスを得ておきます。**

例えば、会社備品（PC、ハードディスク、ディスプレイなど）はどこまで持ち帰り可能か、**会社にかかってきた電話やFAXの転送方法、ルールや通信費用、環境整備、支給できる範囲などを総務部門なども含め会社としての方針を明確にしておきましょう。**

また、**実施途中でアンケートを実施**し、「ネットがつながりにくい」「WEB会議できる空間がない」「家が狭くて机や椅子が置けない」「環境整備に費用がかかる」など、問題をかかえている従業員に対して、**状況や要望に合わせて適時対応**していきます。

図表 3-11　テレワークで利用している通信環境

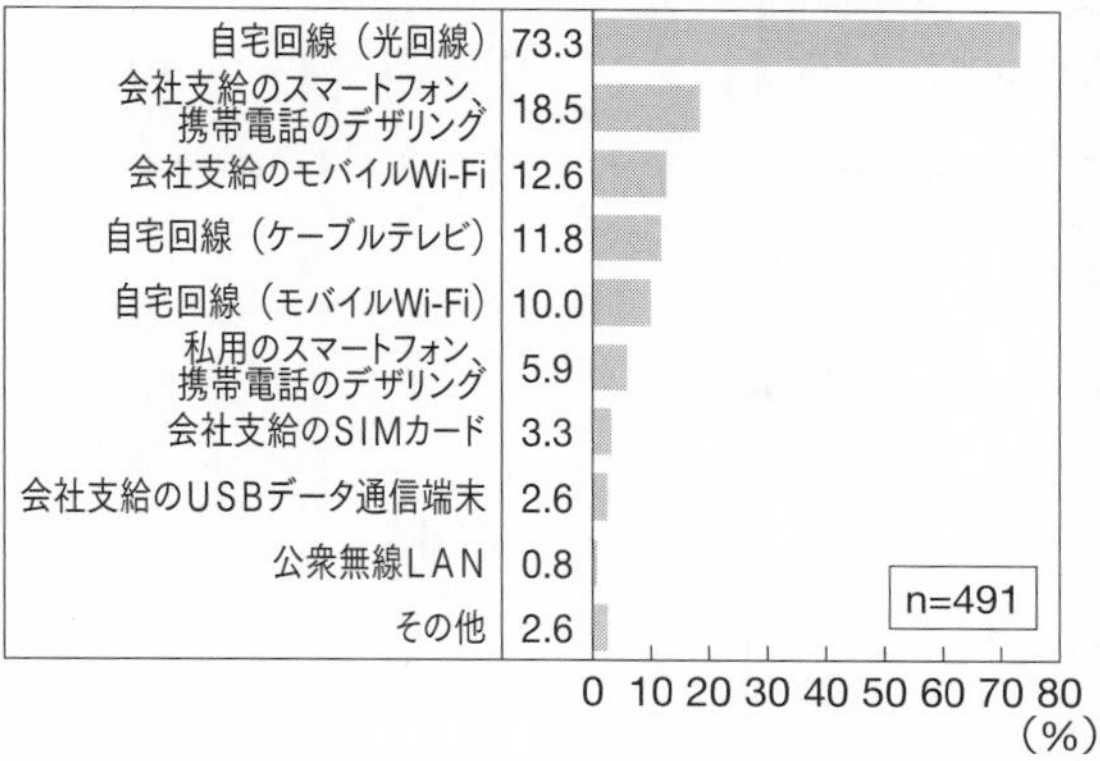

通信環境	%
自宅回線（光回線）	73.3
会社支給のスマートフォン、携帯電話のデザリング	18.5
会社支給のモバイルWi-Fi	12.6
自宅回線（ケーブルテレビ）	11.8
自宅回線（モバイルWi-Fi）	10.0
私用のスマートフォン、携帯電話のデザリング	5.9
会社支給のSIMカード	3.3
会社支給のUSBデータ通信端末	2.6
公衆無線LAN	0.8
その他	2.6

n=491

0 10 20 30 40 50 60 70 80
（%）

［出所］キーマンズネット編集部「緊急事態宣言期間中のテレワークの実施状況と勤務実態に関するアンケート」

テレワークの申請書に自宅の就業環境を自己申告させることにより、テレワークに適する環境かどうかを判断して諾否を行い準備することもできます。コロナ禍における緊急事態宣言下での調査では、次のような実態が浮き彫りになりました。「緊急事態宣言期間中のテレワークの実施状況と勤務実態に関するアンケート」によりますと、インターネット環境に関しては、「自宅回線（光回線）」が73・3％と最も多く、「会社支給のスマートフォン、携帯電話のデザリング」18・5％、「会社支給のモバイルＷｉ－Ｆｉ」12・6％、「自宅回線（ケーブルテレビ）」11・8％、「自宅回線（モバイルＷｉ－Ｆｉ）」

10・0%と続いています（図表3－11）。

自宅回線を使う場合、従量制ではなく定額制であることがほとんどなので通信量はかからないのですが、家族やマンションの全世帯がネットワークを利用することで、「帯域が不足しネットワークがつながりにくい」「通信費用が膨れ上がる」などの問題が起こることがあり、課題となっています。また、単身世帯などでは、固定のネット回線を契約していないこともあります。これらの課題に対しては、会社からのモバイルルーター配付や、会社が回線工事代の全額または一定額を負担する例、スマートフォンのデザリング代のうち、仕事に利用した費用を一部負担する例などがみられました（p33）。

リクルート住まいカンパニーの「新型コロナ禍を受けたテレワーク×住まいの意識・実態」調査によりますと、テレワークの実施場所としては、リビングダイニング（ダイニングテーブル）で実施する人が55%と最も多く、感染症の影響で、自宅専有部以外のカフェ／喫茶店が12%↓2%、サテライトオフィスが6%↓1%と減少しています（図表3－12）。

オンライン会議の実施場所については、「リビング」が44%と最も多く、続いて「書斎」が17%となっていますが、「子ども部屋」「お風呂」「トイレ」などでオンライン会議を実施

図表3-12　オンライン（WEB）／テレビ会議実施場所（本調査／全体／単数回答）

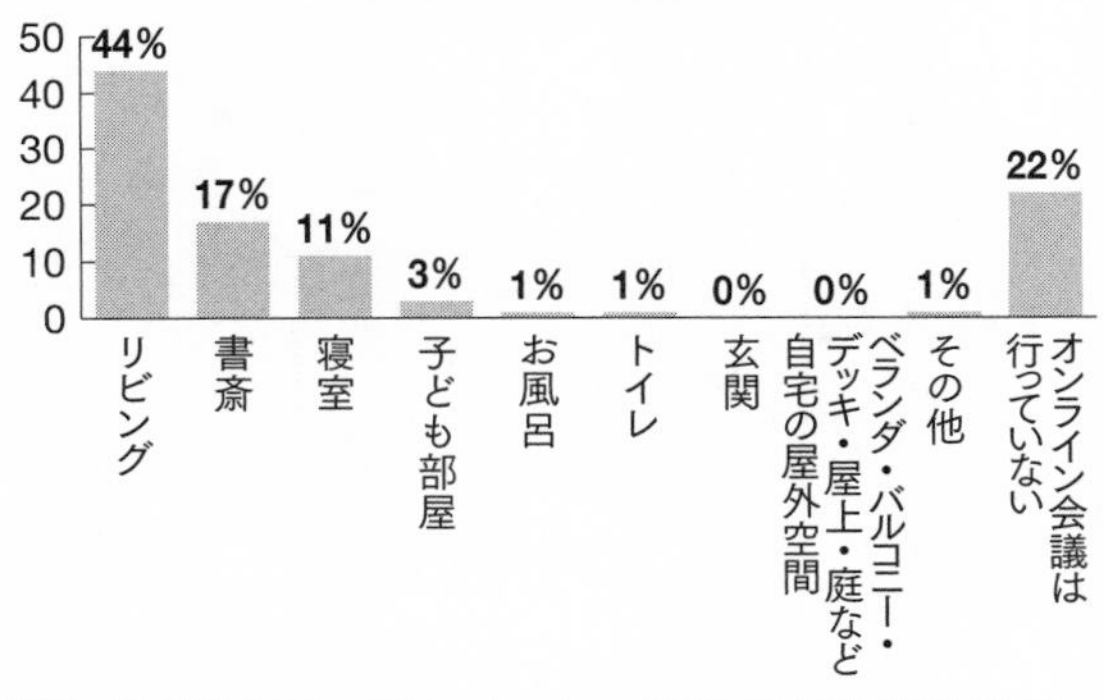

［出所］株式会社リクルート住まいカンパニー「新型コロナ禍を受けたテレワーク×住まいの意識・実態」調査

していることも明らかになりました。社有車や自家用車、カーシェアを利用している実態なども耳にしておりますが、先の「お風呂」「トイレ」なども含めてテレワークの作業の環境としては問題があります。

このような問題に対しては、椅子や机など家具を改善することで解決できるところは、会社からの貸与や、在宅勤務のための一時金を支給するなどの対応を検討します。ワンルームなどで机や椅子の設置場所がないケースもあります。平時であれば、サテライトオフィスなどを積極的に活用するのも効果的です。少なくとも平時のテレワークについては企業は十分な対応を行えるようにしていくことが重要です。

第4章

実践！　テレワーク導入の実務

Q 4-1 「導入目的」はどう設定すればよいか？

テレワーク導入にはまず「目的」の設定が必要です。目的を明確にすることで、社内の協力も得やすくなります。では、導入目的はどのように設定すべきでしょうか？

【テレワーク導入目的を選ぶポイント】

●テレワーク導入の目的を明確にすることで、経営者・従業員の共通理解を得られ導入を進めていくことがスムーズになります。

●企業理念に照らし導入しやすい目的を絞り込むことが望まれますが、社会情勢や企業戦略に沿った導入目的も効果的です。

企業にとってテレワーク導入の究極の目的は「企業価値の向上」でしょう。これを実現するにはまず「企業の風土に合った目的」を選ぶのがスムーズです。風土に合った目的なら従業員も受け入れやすいと思います。

さらにもう一つ、「社会情勢を考慮した目的」あるいは「企業戦略に沿った目的」を設定すると良いと思います。少し前までは「育児」によりオフィス勤務のままでは退職を余儀なくされる従業員の離職防止策としてテレワークの導入が取り上げられた時期がありました。また、２０２０年のコロナ禍で多くの企業が経験したように「感染症から社員を守る」も大きな目的の一つになります。

また、「従業員の余暇時間の創出」も立派な導入目的になり得ます。

筆者が総務省主催の「テレワークセミナーin富山」で講師を務めた時に、登壇者の製造工場の責任者の方が「私の会社は製造業なのでテレワークをバンバンしているわけではありません。月に1回在宅勤務をするのですが通勤時間にかかる往復2時間強の時間を大好きな読書の時間に費やすと決めているのです。月に1回の在宅勤務がとても楽しみなのです」と嬉しそうにお話しされていたのが忘れられません。

ちなみに総務省「令和元年版情報通信白書」では、テレワーク導入の目的の1番は「労働生産性の向上（２０１8年、58・3％）」で2番目は「勤務者の移動時間の短縮（２０１8年、48・5％）」となっています。

Q 4-2 テレワーク導入の準備はどこから始めるか？

最初の準備としては、テレワークの**「導入目的」をまず決める**必要があります。これは経営者に会社の方針を踏まえて導入目的を考えて決めてもらいます。そして、導入目的が決まれば**次は、「現状分析」**になります。

現状分析は、「労務管理面」と「情報通信技術面」に分けて進めていきます。

前者の労務管理面をどう現状分析するか。これは、「テレワークの実施頻度をどうするか（週何日テレワークにするか）」によって検討するべきポイントが変わります。検討する項目については企業の考え方にもよりますので画一的なものではありませんが、以下、一例としてお示ししますので参考にしてください。

(1)テレワーク実施頻度が低い場合（週1～2日）

①勤怠管理（テレワーク時でも対応できる管理方法であるかどうかを検討）

②労働時間制度（現状の労働時間制度でテレワークを実施してもスムーズかどうか）

③通信費（在宅勤務の場合は従業員の負担としているケースが多いですが、モバイル勤務の場合で従業員の携帯電話を利用する場合どうするか）。※前述のとおり通信費や水道光熱費を従業員の負担とする場合は、その旨を就業規則に記載する必要があります。

(2)テレワーク実施頻度が高い場合（週３〜４日）→(1)に加えて次を検討

④従業員の負担する水道光熱費（週1〜2日の場合は従業員負担としていることもありますが、週3日以上など頻度が高くなってくると従業員の負担が多くなってくるため会社負担とするケースがみられます）

⑤テレワーク勤務規程・テレワークルール（週1〜2日の場合でも策定することもありますが、頻度が高くなると作成した方が良いでしょう））

(3)勤務日のほとんどがテレワークの場合　→(1)と(2)に加えて次を検討

⑥人事評価制度（現状の評価制度で公平な評価ができるかどうか）

⑦社員教育（ＯＪＴ等社内で研修する機会が少ないことから研修の機会をどうするか）

⑧通勤手当（定額の手当をやめて実費支給にする等）。※賃金規程の見直しも挙げられます。

⑨健康管理（対象従業員と会う機会が少ないことから、顔色や身体の体調状況が把握できないので健康相談や産業医による面談の実施などを検討）

このような実施頻度による労務管理面の現状分析を終えると、次に**テレワークで可能な業務の洗い出し**を行います。手順は人事考課表を作成する手順と同じで、従業員に「毎日する仕事」「週に1～2回する仕事」「1カ月に1～2回する仕事」「半年、年に数回する仕事」を書かせ、それに個人情報など情報の重要性をランク付けします。

これを行うことで、例えば、「テレワークできる仕事だけれど個人情報を持ち出すから『持ち出しルール』が必要」などのルール化しなければならないことも見えてきます。また、「手書きで紙の資料が会社にある」のでテレワークに向かない業務でも工夫すればテレワークできる業務もあると思います。洗い出しは業務改善箇所のあぶり出しにもなります。

次に情報通信技術面について、中小企業では、必ずしも情報通信技術に詳しい従業員がいるわけではないので、外部の専門家の応援を求めながら、社内の推進者と連携しても良いでしょう。

総務・人事担当者が現状分析するにあたってのポイントは、これにかかる経費の見込みです。以下、テレワークで必要となるツールについて厚生労働省「テレワーク総合ポータルサイト」（テレワーク用ツール）を引用し筆者が編集しています。

①リモートアクセスツール

テレワークは本拠地から離れたところで仕事をするため、データやソフトウェアに外部からアクセスするツールが必要となります。月々の利用料を支払って利用する月額方式のツールを利用すれば、初期投資を小さく抑えられるので、中小企業にも負担が少なく利用可能です。

②コミュニケーションツール（WEB会議システム）

コミュニケーションツールには、テレビ会議システム、WEB会議システム、Eメール、チャット、SNS式情報共有ツール（LINEなど）があります。テレビ会議システムは専用の機器を利用して遠隔会議をするシステムです。WEB会議システムはPC用のソフトで、遠隔会議ができるものです。これらは遠隔で働くことによるコミュニーション不足を補い、交通費などのコストを削減できます。なかでもWEB会議システムは、専用の機器が必要なく、通常のモバイルPCで利用可能です。WEB会議システムは、月額の利用料を支払って利用するものが多く、中小企業にも導入しやすいと考えられます。

③労務管理システム

遠隔地で仕事をするテレワーカーの労務管理をどのようにするか、ということが課題になってテレワークを導入できない場合があります。このような時には、リモートでテレワーカーを管理するツールを利用するのも一つの方法です。

④ペーパーレス化ツール

テレワークを実施するには、紙の文書を少なくするペーパーレス化は必須条件です。ほとんどの文書を電子化して、サーバー上の共有フォルダーに置いておけば、リモートアクセスで、どこからでもその文書を参照することが可能になります。しかし、社内にある全文書をペーパーレス化するのは、かなりハードルが高いといえます。まずは、利用頻度の高い文書から徐々にペーパーレス化するのが現実的でしょう。ペーパーレス化にあたっては、電子文書化システムを使って既存の文書を電子化します。

⑤安全なモバイルテレワークツール

営業担当者などが、出先ですきま時間を活用して、スマートフォンやタブレットでメールを見たり、スケジュールを確認したりすることは、当たり前になりつつあります。しかし、モバイルワーク環境では、端末機器の紛失や盗難といったリスクが在宅勤務以上に大きくなります。

このようなリスクに対して、安全なテレワーク環境を実現するために「セキュアブラウザ」や「セキュアコンテナ」というツールがあります。

セキュアブラウザとは、ドキュメントやデータをデバイス上の安全な領域で表示し、終了時に自動的に消去するシステムです。クラウド利用や社内ネットへのアクセス時に情報漏洩のリスクを回避できます。セキュアコンテナは、デバイス上にコンテナと呼ばれる、暗号化した安全な領域を作製するシステムです。私物のスマートフォンなどでも、個人利用とは切り離して、グループウェアやメール業務アプリケーションを安全に利用できます。また、紛失時も遠隔からデータ消去できます。

以上、これらの準備が整えば試行導入に進みますが、試行導入によって再度見直ししなければならないことも出てきます。

Q 4-3 どのようにテレワークの推進体制をつくればよいか？

「全般的な方針の決定と推進」にあたっては、**経営トップ自らがリーダーシップをとり、テレワーク導入の意思を明確に示す**ことが重要です。**直属の部下や部署、管理職会議に対する指示や発言だけでなく、イントラネット、社内報、社内掲示などにより、トップ自らが方針を目に見える形で発表する**ことにより組織の本気度が社員に伝わります（図表４－１）。

部署が複数あるような規模の企業であれば、プロジェクトチームを設置するなど、全社横断的な体制を作ります。メンバーは、人事部門や情報システム部門、総務部門、導入対策部門といった各部門から集め、労働組合がある場合は、早い段階から推進チームのメンバーとします。そうすることで、各部署が、テレワークを「我が事」としてとらえ、それぞれの立場から課題に対応できるので、後に不満が出て導入を阻止されることを最小限に防ぐことができます。意識調査により従業員のニーズや反応を分析し、社内報や社内展示を用いて従業員全員の目に留まる形で情報提供することで、方向性を共有すると良いでしょう。

育児中や介護中など、テレワークがなければ雇用継続が危ぶまれる社員が自ら中心となって推進を担う企業も多くあります。働き方改革や、女性活躍を推進するプロジェクトなど社内の他の推進プロジェクトとの連携も効果的です。

図表4-1　トップが方針を示すことが大事！

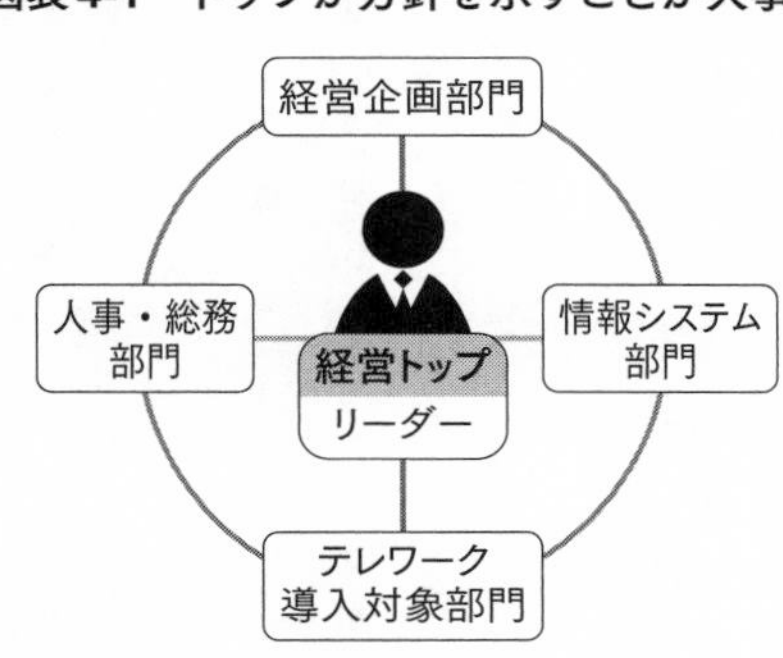

中小企業においては、組織が小さい分、意思疎通はしやすいというメリットがあります。しかし、ＩＣＴに詳しい人材が必ずいるとは限りません。その場合は、前述したとおり外部の専門家に応援を求めるとともに、テレワークに対する要望の強い人材、または、効率的な働き方ができる自律した人材を推進担当に任命します。

しかし、テレワークの導入や推進を、「業務外」として片手間に行わせる状態ではなかなか前に進みません。本気でテレワークに取り組むのであれば、しかるべき人材に業務の一部としてテレワーク導入を担当させ、安心して試行錯誤できる環境を与えることが重要です。

Q 4-4 テレワークの導入が進まない職場。理由はどこにあるか?

「なかなかテレワークが進まない……」とため息交じりに話す相談の相手は「経営者」と「人事・総務担当者」のいずれかです（社会保険労務士という職業柄、「経営者」と「人事・総務担当者」に会う機会が多いからだと思いますが）。

東京都の小池百合子知事がメディアで「いのちを守るSTAY HOME週間」（2020年4月25日~5月6日）を発表されたのが印象深いですが、コロナ禍の中で国民にステイホームの協力のお願いがありました。企業は、緊急事態宣言中はこぞって従業員に「テレワーク（在宅勤務）」をさせましたが、テレワークの準備ができている企業とできていない企業では大きな違いがありました。また、テレワークに振り向かなかった経営者がこの〝強制テレワーク〟で目覚めたケースもあります。

テレワークの導入が進まない理由には2つのパターンがあります。

理由の第一が**経営者にやる気がないケース**です。コロナ禍では仕方なくテレワークをしたけれど、「わが社には向かない」といって元に戻っていくケースです。なかには情報セキュリティの問題で取引先の理解が得られないなど、原因が外部にあるケースもみられますが、経営者自身の思い込みであることが多いです。

第二は**人事・総務担当者が後ろ向きなケース**です。理由はいろいろありますが「制度整備が煩わしい」「テレワークで生産性があがるはずがない」「時間管理や給与計算が複雑になる」といった理由が多いようです。

「テレワーク導入」と大きく構えると抵抗感が芽生えるようなので、**まずは「便利なツール」としてＷＥＢ会議の実施**をお勧めします。会議室に集まらずにオフィス内の自席から各自がＷＥＢ会議に出席する形であれば、テレワーク反対派の抵抗も少なく、移動しなくても会議ができる便利さが体感できるでしょう。リモート会議の際に利用する情報共有のための資料はあらかじめデータ化し、事前に配付しておくと効率もよくなります。

経営者もやる気がない、人事・総務担当者も後ろ向きな企業は、その周囲でテレワークに理解のある人が少しずつ便利なツールを実践していくのが良いでしょう。

Q 4-5-1 テレワークの対象者はどうすればいい？

理想は、希望する従業員全員が、テレワークという働き方を選択できることです。しかし、社内にいますぐテレワークできない従業員がいる場合でも、全員がテレワークできるようになるまで導入を見送るのではなく、**テレワークができる従業員からスタートし、小さく始めて徐々に拡大していく**ことをお勧めします。

従って導入過程では、運用上実施が難しい部署や従業員を対象から外したり、導入初期段階での社内の理解や導入の進めやすさを考えて、職階やプライベートなどの事情を踏まえた「対象者の範囲や基準」を設定することで周囲の理解を得ながらテレワークするのが良いでしょう。

手法としては、業務分析やアンケートなどで、従業員のニーズを把握して、テレワークを強く希望する従業員からトライアルを始めて実績を積み上げて行き、テレワークの効果を認知させる方法もあります。

対象者を制限した場合でも、対象者が実際にテレワークを実施するかどうかは、本人の意思によるべきです。例えば、トライアルの際には、対象者の基準を設けた上で「社内でテレワークを実施してみたい従業員を募る」という試みをするのも良いでしょう。

限定的な導入をするときの対象者の基準として主なものを挙げると、

①育児、介護、怪我、病気などの理由
②事務職、研究職、営業職などの切り分けのしやすい職種
③管理職、主任以上などといった職階
④入社3年目（中途採用は入社1年）以上などの年次
⑤一定の評価以上の従業員を対象とするもの
⑥上長の認定

などがあり、「①〜⑤の各対象者」かつ「⑥上長が認めた者」など基準を組み合わせる方法もあります。

また、細かい基準を設けず、全員を対象者としたうえで「上長が認めた者」という条件にすることも考えられます。いずれにせよ「上長の判断」でテレワーク実施者を限定する際は、その判断について客観性のある理由が求められます。

Q 4-5 -2 【テレワークの導入対象者①】テレワークしにくい業種。適用範囲を拡大していくためには

会社の業種や業態によってはテレワークに向かない実態がありますが、このような企業でもテレワークの導入を検討しているケースが多くなっています。

完全在宅のような頻度の高いテレワークではなく、月に1回など頻度の低いテレワークから導入を進めようという動きがあるからです。

このような企業がテレワークを導入しても、例えば管理部門のみ導入など、当面は運用しやすい一部の従業員しかテレワークの対象になっていないことが多いものです。

このように一部しかテレワークが適用されず、テレワークの対象外となっている従業員がいる場合は「対象となっていない従業員の不公平感（不満）」がテレワーク導入（拡大）の阻害要因となることがあります。そのため、**導入当初から「段階的な対象範囲を示す」**ことが重要です。

段階的な対象者の範囲を示すことにより、いつ自分が対象者になるかが明確になりますの

で全従業員の協力を得られることに繋がります。
適用しやすい業種として「事務職」「研究職」「営業職」がありますが、抵抗勢力になりやすいといわれている「管理職」には、トライアル（試行）導入や、または本格導入当初の対象者として進めると、その後の導入がスムーズになるという効果があります。

なお、管理職がテレワーク導入の抵抗勢力になりやすい理由に「①部下が目の前からいなくなる不安」「②管理職自身がＩＣＴ操作が苦手で部下とのコミニュケーションツールが使えない不安」があります。

①の不安解消は、自らテレワークを実践することで「テレワークの理解」が得られます。

②の不安解消は、テレワーク導入段階で「ＩＣＴツールの操作研修」をすることです。また「研修は1回だけで終わるのではなく繰り返し行う」ということがポイントです。

Q 4-5-3 【テレワークの導入対象者②】「新入社員」「異動直後の社員」「サボる社員」をどうする？

在宅勤務をはじめとしたテレワークは、上司や同僚のいない場所で自律的に仕事を進めることが基本となりますので、仕事の進め方や報告・連絡などといった会社の規則やルールを理解していなければなりません。このため、新入社員など経験の浅い従業員や、人事異動から間もない従業員で職場の雰囲気や人間関係が構築できていない場合などは対象者から外していることがあります。

ポイントは、「経験年数をどうするか」「異動後の期間をどうするか」ですが、個人差もありますので「入社後○年とするが上司が認めない場合はこの限りでない」「異動後○カ月とするが上司が認める場合はこの限りでない」など最短期間を決めながらと上司が認めなければ対象としない基準を示すのが良いでしょう。

では従業員の資質を基準とした対象者選定のポイントとはどのようなものでしょうか？

テレワーク導入が進まない企業の経営者や幹部社員から「テレワークだと従業員がサボる

のではないか」という不安の声を聞くことがあります。

この経営者や幹部社員は全ての従業員がテレワークするとサボっていると考えているのではなく一部の従業員のことを頭に思い浮かべていると思われます。

このような場合はその**「サボるかもしれない従業員」がテレワーク中にサボれない仕組みを作るか、テレワークを認めない基準を作る**のがよいでしょう。

「サボれない仕組み」としては、業務分析や成果の報告などによる業務の見える化に加えて、ＩＴツールの利用も有効です。現在はＷＥＢ会議システムの常時接続はじめ、パソコンのログによる操作の分析や顔認証など、さまざまなツールが開発されています。例えば「Ｆチェア」という勤怠管理ツールでは、パソコンの画面をランダムに撮影記録する機能があり、後から管理者は従業員の働きぶりを確認できる仕組みです。オフィス勤務時であっても部下のパソコン画面をずっと見ているわけではありません。通りすがりにパソコン画面がちらっと目に入る程度の感覚で、部下の仕事ぶりを確認することができるのです。

テレワークを認める認めないの基準は「テレワーク勤務規程」に定めることになりますが、具体的には「テレワークの許可基準」で定めることになります。

Q 4-6 テレワークできる業務、できない業務とは?

テレワークが導入できない理由としてよく挙げられるのは、「テレワーク可能な業務がない」というもので、常にテレワーク導入にあたっての課題の上位に挙がっています。

テレワーク導入済みの企業の「実施している業務」をみますと、1位が「資料の作成・修正・管理」、2位が「上司や同僚、顧客先や取引先等との連絡・調整」、3位が「社内手続」、4位「インターネットからの情報収集」(厚生労働省「平成26年度テレワークモデル実証事業」)と続きますが、こうした業務は業種や業態にかかわらず必ずと言い切っていいほど存在していると思われます。

まずは、**現在の業務の棚卸しをして、テレワークが「すぐにできる業務」「新たなルールやICTなどのツールを入れればできる業務」、そして「現状ではしばらくは難しい業務」に分類し、「すぐにできる業務」から順に着手**していきます。ペーパーレスの推進や、直行直帰と組み合わせるだけで、モバイル勤務の幅は広がりますし、チャットやWEB会議システム、電子決裁システムなどを活用すれば、打ち合わせや会議、意思決定などがテレワークでも可能になります。

また、「テレワークに向かない業務」とされている製造業の生産部門や建設業の現場作業、接遇の仕事など基本的に「現場」でしか働けない業務であっても、報告書や企画書、作業マニュアル作成や改訂作業などＩＣＴを活用すれば対応できる業務がありますので、頻度は低くてもテレワークは可能です。

２０１８年テレワーク推進企業等厚生労働大臣表彰（輝くテレワーク賞）「優秀賞」を受賞した味の素株式会社では、工場の生産オペレーターも積極的にトライアルを行い、生産オペレーターのテレワークの実施に成功しています（図表４－２）。

工場に勤務する日勤の班長と日勤社員のAさんが在宅勤務で棚卸しデータの入力や生産計画の資料作成などの事務作業を、在宅勤務で効率的に行います。そこで生まれた空き時間を活用して、生産オペレーターの仕事を日勤班長と日勤社員のBさんが担当し、生産オペレーターの交替勤務者も一部の事務作業を在宅勤務で実施することが可能になったのです。

工場の平均年齢は40歳代前半であり、今後、介護等の必要が生じた場合でも柔軟な勤務が

図表 4-2　味の素株式会社川崎事業所の取り組み

目的：マルチスキル・人事制度を活用し働き方の幅を更に広げる！

取り組み　**①事務作業の在宅勤務推進**
②交替班の一部在宅勤務の実現

	7時	8時	13時	15時	17時
日勤班長		①在宅勤務（棚卸データ入力）			
日勤Aさん		①在宅勤務（生産計画資料作成）			
日勤Bさん		原料調合作業		SAP入力	
交替班	3直監視	運転・監視			

取り組み　①事務作業の在宅勤務推進
②交替班の一部在宅勤務の現実

	7時	8時	13時	15時	17時
日勤班長		棚卸し		SAP入力	
日勤Aさん		資料作成			
日勤Bさん		原料調合作業&監視		SAP入力→運転	
交替班	3直監視	運転・監視→②在宅勤務（事務作業）			

生産部門で難しいといわれることも多いが工夫次第で「働き方改革」の取り組みは可能

［出所］　厚生労働省「輝くテレワーク賞事例集（平成30年度）」

図表 4-3　作業進化の過程

平成19年頃	①黒板を書き、誰かに持ってもらい撮影する（施工前・施工中・施工後） ②パソコンに取り込み写真に名前を付ける ③エクセルにリサイズして貼り付けて、内容を記載する ④印刷しインデックスを作成し製本し、原本提出する
平成20年頃	①黒板を書き、誰かに持ってもらい撮影する（施工前・施工中・施工後） ②パソコンに取り込み写真に名前を付ける ③エクセルマクロで自動リサイズと名前の記入 ④印刷しインデックスを作成し製本し、原本提出する
平成30年頃	①タブレットで撮影する（施工前・施工中・施工後） ②タブレットからサーバーに送信され自動ソートされシート作成 ③ブックになっているのを電子納品（メディア提出）

100 h ×20日
＝2000 h

年間
24000 h

［出所］ 総務省「働き方改革のためのテレワーク導入モデル」を参考に編集

できる体制があることが強い組織につながると考え、成功事例を工場の報告会でも共有し、好事例の横展開（水平展開）を推進されています（厚生労働省「輝くテレワーク賞事例集（平成30年度）」より）。

また、p66～でも紹介した向洋電機土木株式会社では、ウェアラブルカメラやタブレット等を活用し、本社と現場と遠隔での情報共有や指導を行う等、建設現場にてテレワークを活用することで、効率的な作業への進化（図表４－３）と高齢のベテラン社員からの技術伝承を実践されています。

Q 4-7 テレワークの頻度はどうするか？ 週何回ぐらいの導入が妥当？

導入目的と従業員のニーズ、業務形態を総合的に検討するのが良いでしょう。目的が、「育児・介護」である場合、特に子どもが幼少であったり、介護する家族の要介護度が高い場合はテレワーク（在宅勤務）のニーズが大きく頻度は高くなるのが一般的です。

また、「コスト削減」が導入目的の場合は、テレワークの頻度が低い場合はその効果が期待できず、週3日以上在宅勤務とすることで通勤定期券から実費精算に変更など交通費を削減できたり、社員一人ひとりに固定した席を割り当てず、仕事の状況に応じて空いている席やオープンスペースを自由に使うオフィス形態に変更することにより机・椅子などのオフィス家具を減らしたり、さらにはオフィス面積を縮小することが可能になります。

一方、「従業員の意識改革や生産性の向上、ワークライフバランスの充実を図る」ケースでは、週1～2回実施するだけでも十分に効果が見込めます。また、週1～2回程度の在宅勤務であれば、出張や休暇とさほど変わらないので、社内の制度（労務管理、費用負担など）やルールなどを大幅に変更する必要もなく行えますし、上司・同僚とのコミュニケーション上の課題を感じることも比較的少なく、職場の同僚にも過度の負担はかかりません。

このようなことから、**導入当初は低い実施頻度で慣れるにしたがって徐々に実施頻度を拡大していく導入手順**として考える方法もあります。

高度な専門的知識や技術を主たる業務としている従業員を対象として実施する完全在宅勤務は、対象者が時間管理・コミュニケーションのツールやルールを熟知したうえで運用できている場合は大きな成果を生み出すことが期待できます。しかし、それらを欠いた場合は、長時間労働やコミュニケーション不足を招いたり、時には健康障害に陥ることがあります。

テレワークの実施頻度を高く望んでいる育児・介護期の従業員にも活用できる制度にするためには、全従業員を対象としたICTの知識や設備機器の操作の研修や教育も必要な対策と考えます。日本労働組合総連合会が実施した「テレワークに関する調査2020」の中でテレワークの実施頻度等を尋ねた結果があります。

●連合調査結果《テレワークの際の働き方について》

「初めに、2020年4月以降のテレワークの頻度を尋ねたところ、全体では「勤務日は毎日」が26・0%、「勤務日の7～8割程度」が25・9%、「勤務日の5割程度」が20・8%となり、これらを合計した「勤務日の5割以上」は72・7%となった。年齢層別では、若い層ほど「勤務日の5割以上」と回答した人の割合が多い傾向があり、18～29歳では79・2%となっている」

この時期にテレワークの頻度が高いのは、政府より「新型コロナウイルス感染症緊急事態宣言」が2020年4月7日に発出された時期と重なるからだと思われます。

そこで、テレワークの準備が十分でない中でテレワークの実施頻度が高い場合においてさまざまなことがわかってきました。以下の調査結果が参考になります。

●連合調査結果《テレワーク中の生活について》

「全回答者（1000名）に、テレワークを行うようになったことで、生活（家族との生活）にどのような影響があったか聞いたところ、「家族の会話が増えた」（29・5%）が最も高く、次いで、「プライベートの充実につながった」（25・4%）、「趣味に費やす時間が増えた」（20・4%）、「家事の分担が進んだ」（12・3%）、「家族のちょっとしたことでイライラするようになった」（9・9%）となりました」

回答者の1位は「家族の会話の増加」。2位は「プライベートの充実」とテレワークの実施頻度が高い場合はテレワークのメリットを感じる人が多かった一方で、「家族のちょっとしたことでイライラするようになった」「子どもが家にいるときのテレワークに難しさを感じる」といったように、家族との関係をうまく保てなくなったという人もみられました。

●連合調査結果《テレワークのメリットとデメリットについて》

「テレワークのメリット1位「通勤がなく、時間を有効利用できる」2位「服装が自由」3位「好きな時間にできる」。テレワークのデメリット1位「時間の区別がつけづらい」2位「運動不足」3位「コミュニケーションが不足する」」

デメリットの中で特筆すべきは「運動不足」です。通勤がなくなって自分の時間が増えた分、運動不足に陥った人が少なくないと思われます。また、長時間仕事をするために整えられた環境の良い職場に比べ、にわかに用意した自宅の机や椅子が簡素であるために肩こりや腰痛が生じているようですので、これらの対策も必要でしょう。

Q 4-8 従業員への説明はどうすればよいか？

いきなり全従業員を対象にテレワークを実施する企業はそれほど多くありません。筆者らもスモールスタート（小さく始めて大きく育てる）をお勧めしていますので、対象部門や対象者を絞って導入する企業が圧倒的に多くなっています。

ここで注意が必要なのですが、対象部門や対象者だけに説明をしてテレワーク導入を進めますと、前述のように導入後一定期間が過ぎた後にテレワークを企業内で普及・拡大していく段階で反対勢力やテレワークを肯定的に思っていない人たちから抵抗されることがあります。テレワークをスタートしたけれど定着しないとか、広がらないという声を聞きますが、企業の中には、テレワークに対しさまざまな考えを抱いている人がいるからです。

例えば、①「テレワーク反対派」（テレワークは役に立たないとテレワークそのものを反対している人たち）、②「テレワーク拒否派」（テレワークの導入は構わないけれど自分がするのは嫌という人たち）、③「テレワーク無理解派」（テレワークは一定の人だけにしか享受できない福利厚生と思っている人たち）といったように。

初めて導入する段階で全従業員に対して説明をする方が良いのですが、ここでのポイントは**「いまは対象部門や対象者を絞っているけれど将来は全従業員を対象にする」と表明すること**です。

「わが社は製造業なので全従業員はできない」とよく聞きますが、そんなことはありません。例えば、導入事例としてｐ１２５〜の味の素株式会社の例があります。製造部門の従業員も月に１回テレワークができる仕組みです。

管理部門のようにテレワークの頻度を高くすることはできませんが、会社の方針として全従業員を対象にしていることに意義があります。また、これらの方たちには代替措置を検討するのも効果があります。例えば「テレワークの実施頻度が低い代わりとして、自主勉強（研究）を自宅でできる制度」等です。

導入事例を参考にしたり、さまざまな工夫をすれば全従業員に対してテレワークあるいはテレワークに準じた制度を取り入れることができますので、テレワークの普及・拡大が実現できるでしょう。

Q 4-9 テレワークで人事評価をどう行えばいい？

週1、2回のテレワークの実施頻度なら、テレワークだからといって評価制度を変えている企業はほとんどありませんし、変える必要がないと筆者は考えています。

なぜなら、テレワーク導入していない企業でも週に1、2回の終日外出や出張はあり得るからです。

そのような企業で人事評価制度を実施していても問題なく評価を行っている筈です。もし、現状の評価制度に問題があるのならばテレワーク導入前に改善すべきで、問題意識がなかったとしてもテレワーク導入前には従業員アンケートなどで「現状の評価制度に不満や課題」がないか確認しておくのが良いでしょう。

テレワーク導入後に「評価に不満」の声があがったとしても「評価制度に問題がある」のか、「テレワークが影響している」のか把握し難くなるからです。

テレワーク導入前で人事評価制度に問題がある場合は、次の2つの理由が考えられます。

①評価者に問題がある

公平な人事評価を実現するには、評価者が自社の評価制度を十分理解する必要があります。また、評価者が陥りやすい評価エラーが生じないようにしなければなりません。

日本の企業では尺度法による人事考課表を導入している事例が多いのですが、採用している企業で評価者が「設定された評価要素と評価の着眼点（行動規範）」や「評価尺度基準」の理解不足で公平な評価ができていなかったりします。評価者が陥りやすい代表的な考課エラーである「ハロー効果」（後光効果。被評価者の、ある特定の事態や時点における強い印象により形成される全体的印象が個々の評価要素の評価に影響を与えること）等を防止しなければなりません。

対策としては、評価者訓練を1回だけで済ませるのではなく定期的に繰り返し実施することです。

②人事考課表に問題がある

大企業の評価制度を中小企業が取り入れた場合に生じる現象として「運用に行き詰まる」ことがみられます。また、経営者や人事責任者が躍起になって評価制度を導入してもうまく運用ができない原因のひとつに「他部門の責任者は他人ごと」になっているケースです。

筆者の経験ですが、元松下電器産業（現・Panasonic）の人事経験者と共同で某企業の評価制度の指導をしたことがあります。その企業はそれまで2社の某人事コンサルタント会社から人事評価制度の指導を受けたのですが結果は評価制度が機能しませんでした。大きな理由は2つあり、従業員50名ほどの中小企業には高度な人事評価制度だったのですが、大きなその企業では運用できなかったのです。もう一つは、営業責任者、現場責任者が「他人ごと」だったのです。私たちが指導に入った際に徹底していただいたのは「いかなる理由があっても人事制度会議には欠席は認めない」ことを経営者から営業責任者、現場責任者に言い渡していただきました。細かな経緯は割愛しますが、この企業は数年後に業績が回復し感謝されました。

次に、テレワークの頻度が高い場合の対策ですが、一般的に「目標管理制度」が良いといわれています。もしくは最近話題になっている「ノーレイティング評価制度」がテレワークでの運用に適していると考えています。

●「目標管理制度」の留意点

目標管理制度は、P・F・ドラッカーが『現代の経営』の中で提唱したことが始まりとされています。自己目標を設定し、その目標達成に取り組ませて、その達成度を評価する仕組みですが、特に**テレワークの頻度が高い従業員の場合は、常に目の前で仕事ぶりを見ることができないのでテレワークに適した人事評価制度**といわれています。

しかし、目標管理制度はそれほど安易に取り入れられるものではありません。制度運用におけるマネジメント力を必要とするからです。また、チームでする仕事や接遇の仕事には導入が難しいとされていますが、これは目標設定が難しいからです。

目標管理制度を導入するには、基本の人事評価者研修を継続して実施し評価技術を向上させ、評価のバラツキをなくさなければいけません。評価者が目標管理制度のメリットとデメリットを十分理解しなければ、目標をノルマ化したり目標設定が不十分だったりして不公平な評価結果になってしまいます。

参考になる評価制度の事例を紹介します。

長野県松川町の人事評価制度は目標管理制度を取り入れており、職員数112人（2016年当時の資料から）という「小規模の団体向き」であり、「川崎市の制度を準用して、小規模団体に適合させるようアレンジしている」ので制度もしっかりしています。なお、総務省の地方自治体向けの研修資料にもなっており、ネット上で入手ができますので興味がある方はご参照ください。

https://www.soumu.go.jp/main_content/000177957.pdf

●「ノーレイティング評価制度」の留意点

ノーレイティングとは、「ランクづけをしない人事評価」といわれています。

アメリカの各企業で採用されはじめたことで最近話題になっているのが「ノーレイティング」と呼ばれる評価制度です。全く人事評価を行わないということではなく、ランクづけ(Rating)と、年次での社員の総合評価をやめるということです。

ただし、この評価方法を実施するには定期的に面談を行う必要があり、人事評価に多くの手間や時間をとられます。また、この評価制度で注意しなければならないのは、決められた評価項目がないため、上司のマネジメント能力が乏しい場合は不公平な評価をしてしまったり、部下が評価内容に不満や疑問を抱いてしまうことです。

テレワークの頻度が高くなると上司と部下、あるいは同僚とのコミュニケーションが不足しがちなことが問題に挙げられていますが、将来的にノーレイティング評価制度の導入を検討することもコミュニケーション不足を解消することにつながります。

筆者らの社会保険労務士法人NSRでは約15年前から同様の制度を取り入れています。NSRの給与制度の概要は、「基本給等級基準書」と「職務給表」および「格付基準書」から構築しています。基本給等級基準書は人間性を評価しています（例：1級、社会人としての常識を備えているか、経費節減、改善意識をもって業務を遂行できるか等です）。職務給表および格付基準書は社会保険労務士の業務をどれだけできるかです（例：資格取得届・離職票の作成など一般的な書類の作成ができるか、給与計算ができるか、年間の業務処理が理解できているか等です）。

これらを評価するにあたって3カ月ごとの面談を約15年間継続して実施しています。面談では社会人としての自覚や働く姿勢と業務の理解度をヒアリング及び指導し、また、業務負担度や難易度、また仕事上の悩みやこれらの解決対策も併せて行い評価付けしています。当然、処遇についても不満がないか面談で行います。

面談の回数が増えると、離職防止にも役立っています。

Q 4-10 情報漏洩などの不祥事を防ぐために必要なICTと情報セキュリティは？

総務省「ICT利活用と社会的課題解決に関する調査研究（平成29年）」によりますと、テレワークを既に導入している企業には導入にあたって課題となったこと、導入していない企業には仮に導入するとした場合に課題になると考えられることについて聞いたところ、「情報セキュリティの確保」（43・7％）が、一番の課題となっています。テレワークに必要なセキュリティ対策とは、どのようなものでしょうか。

NPO法人日本ネットワークセキュリティ協会（JNSA）が発表した「【速報版】2018年情報セキュリティインシデントに関する調査報告書」によりますと、2018年の個人情報漏えいインシデントの件数は443件で、2017年（386件）から増加に転じています。情報漏洩の原因は、紛失・置き忘れ116件（26・2％）が最も多く、次いで2017年に最も多かった誤操作109件（24・6％）、不正アクセス90件（20・3％）、管理ミス64件（12・2％）、盗難17件（3・8％）、設定ミス16件（3・6％）、内部犯罪・内部不正行為13件（2・9％）、不正な情報持ち出し10件（2・3％）と続きます。

サイバー攻撃による不正アクセスは被害額が大きくウイルスなども注目されがちですが、この調査によると実際の情報漏洩の原因の約76％は「従業員によるミス」（ヒューマンエラー）となっています。

悪意がないミスであっても、情報漏洩が起こってしまうと取引先との業務停止や損害賠償金の支払いなどが発生し多大な影響を受ける可能性があります。新聞やニュースでは、内部の不正情報持ち出しやセキュリティホールを突いた外部からの攻撃などが大きく取り沙汰されますが、規模が大きいだけで実際の発生件数は非常に少ないので、システム面の強化に加え、制度・教育面からの「人為的ミス対策」が効果的といえます。

システム面におけるセキュリティ担保の最大のポイントは、「情報を（物理的に）社外に持ち出さない」ことです。その手段の一つに、手元にあるパソコンなどの端末を「シンクライアント」の状態にする方法があります。これは、OS・アプリケーション・データなどをパソコンなどの端末に持たせず、画面表示と入力しか行わない、いわばTVのリモコンのような役割だけを持たせることで、データが端末内に一切保持されないようにするものです。

また、データ保存機能のある通常の端末にデータを置かず、シンクライアント状態で利用することで、紛失、盗難、置き忘れ、管理ミスの場合の情報漏えいのリスクを抑えられます。

さらに、他者からの侵入を防ぐため、端末の認証システム（パスワード、指紋認証）やウイルス対策強化（ウイルスソフト）、通信を暗号化（ＨＤＤ暗号化）などの対策も不可欠です。また、十分なセキュリティが確保されていない公衆Ｗｉ－Ｆｉの使用を抑止したり、公共の場での覗き見、不正ソフトウェアのダウンロードや誤操作にも注意が必要です。

端末自体のセキュリティの強度を上げるのみならず、**テレワークを実施する従業員が「利用する情報資産の管理責任があること」を自覚して行動できるよう、制度・教育面の対策を講じるのも重要**です。人為的ミスを最小限に防ぐため、適切なアクセス権限やルールの構築、セキュリティポリシーの作成・周知、ＩＴスキルやセキュリティ研修を継続的に実施し、規則を浸透させます。

また、テレワーク導入企業では、ＩＴ機器の操作やセキュリティについて繰り返し研修を行う企業も多いです。メンター（指導者・助言者）制度を取り入れ、日常的に問題解決を図るのも効果的だとされています。

２０１０年、第11回テレワーク推進賞「優秀賞」を受賞した明豊ファシリティワークス株式会社では、テレワーク導入当初、会社全体のＩＴリテラシー向上をめざして、モバイル機器活用のアイデアを出し合う「モバイル選手権」を開催したそうです。魅力的な活用例を示すことで、皆が「使いたいツール」になるよう工夫しました。同時に、インターネットに接続できない際に設定を確認できるなどといったＩＴに対する習熟度合いを自主申告させる「ＩＴカルテ」で全社員のスキルを可視化し、使いこなせる人に最新モバイル機器を貸与して、底上げに成功しています。ＩＴスキルとセキュリティ意識が浸透した現在では、最新情報を「ワンポイント情報」として配信し、ナレッジに蓄積することによって、さらなるスキルアップとセキュリティ意識の維持向上に努めているといいます。

利用可能なＩＴツールや情報の機密性レベルで業務を切り分けることにより、どのようなＩＣＴ環境でもテレワークが可能であることを考えれば、適切なアクセス権限やルールの構築、セキュリティポリシーの作成・周知、ＩＴスキルやセキュリティ研修の継続的な実施が、テレワークの業務範囲を拡大していく鍵となります（ＮＰＯ日本ネットワークセキュリティ協会「【速報版】２０１８年情報セキュリティインシデントに関する調査報告書」）。

Q 4-11 在宅でオフィスのような気軽な声かけはできる？ どんなITツールが必要？

テレワークの頻度が高くなると、業務中のコミュニケーションについて、「声をかけにくい」「疎外感を感じる」など不安の声があがります。しかし、現在のICT技術を活用すれば、これらの問題をほとんどの場合解決することができます。

ICTの発展により、離れた場所にいる相手とコミュニケーションをとる方法は多数あります。文字・音声・画像、フォーマル・インフォーマル、対個人・部署・全社・外部と、時と場所に応じたICTツールを用意できるのが理想です。

従来、文字によるコミュニケーションには、一般に電子メールが利用されてきましたが、些細なことを尋ねたいときなどには敷居が高く感じるのではないでしょうか。その点、チャットやSNSだと固い挨拶抜きで気軽に声かけができ、軽い雑談もしやすいでしょう。言いたいことを整理し簡潔な文章で送信するので、相手も理解が早く返答しやすいというメリットもあります。電話や対面で話したいときも、チャットで「いま、電話いいですか？」「打ち合わせは何時からできますか？」と相手の状態を確かめてから行うことで、より円滑に意思疎通を図ることができます。最近は「チャットの方が、対面よりも相談しやすい」という若手社員も少なくないようです。

チャットや電話については、手軽に使える反面、相手の顔が見えないので、状態や反応がわかりにくいというデメリットがありました。しかし、現在では、専用線の必要なTV会議に比べかなり廉価なWEB会議システムが身近になり、相手の表情や反応を確認しながら話すことが容易にできるようになっています。

WEB会議の環境が整えば、どこからでも社内の会議に参加できますので、会議のためだけに出社しなくても、画面上で資料を共有しながら議論することが可能です。WEB会議システムを用いて朝礼を行うことで毎日の予定や情報を共有することもできますし、1対1で表情を見ながら話すことにより、マネージャーが部下のストレスや愚痴に耳を傾け、仕事の実態や本音を聞き出せるケースもあります。外部とのコミュニケーションにおいても、実際に客先に出向くことなくWEB上で営業活動ができたり、客先で製品や技術について質問を受けた際にWEB会議システムを通じて社内の技術者を呼び出すことで、込み入ったやり取りや正確に意図を伝えることが可能になります。

「いつ声をかけて良いかわからない」という不安を解消するためには、スケジュールだけでなく、チャット、勤怠管理システム、仮想オフィスツールなどに付帯しているプレゼンス（応答可能状況）機能を利用すると便利です。「在宅勤務中」「17時帰社予定」「来客中」「会議中」「休憩中」などがわかると、いつどんな手段で声をかければ良いかが判断しやすくなります。仮想オフィスツールのひとつであるSococo（ソココ）では、パソコンの画面上に島状の自席や、会議室、応接室、フリーアドレス席、休憩室が用意されており、各メンバーのアバター（分身となるキャラクター）が自席にあれば、「集中して仕事中」、フリーアドレス席だと「声かけOK」、応接室にあれば「接客中」、会議室なら「社内会議中」などのルールを決めることで、声をかけていい状況かどうかを一目で判断することができます。

また、Office365やG Suiteのように、メールやスケジュール、文書・表計算・プレゼンテーション、ビデオ会議、オンラインストレージなどの充実した機能を持つクラウド型のグループウェアにより、トータルで職場のIT環境を構築する企業も増えてきています。

ただ、テレワーク自体は、ITツールを導入してからでないとできないわけではなく、従

来利用していたメールと電話だけでも、連絡・報告・ファイル共有などについて適切な運用ルールを定めることで、意思疎通を図ることはできます。とはいえ、用途に適したツールを導入することにより、チームでの業務がより行いやすくなり、テレワーク可能な業務範囲が拡大します。

筆者らの社会保険労務士法人ＮＳＲでは、ＷＥＢ会議システムを常時接続することで、離れた場所で働くメンバーと常に職場の空気感を共有し、オフィスと同じように気軽に声をかけ合えたり、他のメンバー同士の会話が聞ける状態にしています。オフィスの映像は全体にぼんやり映す程度で、在宅勤務者側は会話する時、以外マイクとカメラをオフにしておくなど、監視されているような印象にならないように配慮しています（参考Ｐ92〜）。

Q 4-12 社員の私物のPCやモバイルを業務に利用させる場合の留意点とは？

私物端末を業務に利用するBYOD（Bring Your Own Device）は端末購入費等のコスト削減や使い慣れた端末を利用し、業務を行えるという面では大きなメリットがありますが、個人所有のデータと業務データが混在する可能性や、セキュリティ対策が不十分であれば不正プログラム感染標的型メール攻撃や他の脅威により不正プログラムに感染し、業務情報が漏えいする恐れがあります。

日本企業において私物端末の業務利用（BYOD）をポリシーやルールで明確に規定しているかについては、23％の企業がポリシーやルールで明確に禁止し、かつ、違反者に対する罰則規定を設けており、罰則規定までは設けていない企業を加えると、過半数の企業がポリシーやルールでBYODを禁止しています。ポリシーやルールにおいて、BYODを認めていると答えた企業は17％にとどまっています。

これは、企業等が支給する端末と異なり、端末の設定や導入するソフトウェアの種類などを企業側が完全にコントロールするのは難しく、情報漏洩やウイルス感染といった情報セキュリティ対策や、紛失・盗難時の対応などが複雑になる点や、業務中に利用できる機能やアクセス可能なサイトの制限といった対応も難しくなる点、さらに、本来は私用の端末であるため、通信履歴や保存したデータなどをどこまで企業等が取得・把握できるかなどプライバシーとの両立に関する点などが影響していると思われます。

また、公式・非公式を問わず、実際にＢＹＯＤを実施している企業において、どの部門においてＢＹＯＤが活用されているかの調査結果として、「営業系部門」が66・3％と最も高く、外出の多い従業員が可搬する私物端末を使用しているケースが多い、２番目に高いのは「システム系部門」であり、リテラシーの高い従業員が多い、全社導入に先駆けて試験的に導入している、といった理由が考えられるとなっています。

ＢＹＯＤを認めるにあたって、情報セキュリティ対策についてはＩＴコーディネーター等の専門家に相談しながら進めるのがよいでしょう。

人事担当者は、情報セキュリティ対策以外の課題として次の事項について検討が必要です。

■導入ステップ①　BYODが本当に必要かどうかを検討する

（何のためにBYODを認めるのか）

①BYODの目的を明確にすること。

例えば、「隙間時間の有効活用」「コスト削減」「ワークライフスタイル対応」「災害時への備え」等が考えられます。

②認める場合は組織としての方針やルールを明確にすること。

③認めない場合は禁止するなら徹底的にするのがよく、中途半端に禁止しないこと。私物端末の業務利用を禁止しても、会社アカウントメールを私物端末に転送等する利用者が現れる恐れがあり、違反した場合の罰則を含め検討するのが良いでしょう。

■導入ステップ②　BYOD端末の業務に使用する機能やBYODを使用することができる指定業務はできるだけ限定すること

（必要のないことはやらない）

①機微な業務や機密性の高い情報は扱わないこと。

②ＢＹＯＤはサブの業務ツールととらえ、過度に期待しないこと。
③いつでも、どこでも、何でも、誰とでも、は便利だけどリスクも増大することを周知すること。

■導入ステップ③　ＢＹＯＤの管理ルールはシンプルに

（現実的に運用できる内容とすること）
①守れないルールはかえってリスクを増大させる。
②端末紛失等、人為的なミスは必ず起こるとして、リスクをあらかじめ想定し対策をすること。
③管理者と利用者間で業務内容や管理ルールについて書面において合意すること。
④端末上の個人データの扱いや端末購入代金の負担、通信費の負担等について書面において合意すること。
（※ＣＩＯ補佐官等連絡会議情報セキュリティＷＧ「私物端末の業務利用におけるセキュリティ要件の考え方（２０１３年３月）」の資料を引用し筆者で編集）

Q 4-13 公務員がテレワークする場合、労働基準法は適用除外？

２０２０年7月15日政府ＣＩＯポータルサイトに「２０１９年度（令和元年度）国家公務員テレワーク実績等の結果」が掲載されました。

東京オリンピックは延期になりましたが、当初東京２０２０大会に向けた準備としてテレワークデイズ等の取り組みや新型コロナウイルス感染症拡大防止のため、テレワークの推奨や特例による申請手続き簡略化等の取り組みがあったこと、さらには、情報資産へのアクセス制限の見直しや当日申請を可能とするなど運用の見直し等により、２０１９年度の国家公務員のテレワーク実績（本省分）は、前年度と比べ、実施者数で９８６８人から、２６２８５人に増加（２・７倍）、実施日数の人日ベースでも４２９８８人日から１４２０４６人日へ増加（３・３倍）となったようです。

国家公務員は国家公務員法附則第16条において「一般職に属する職員には、労働基準法を適用しない」とされていますので、テレワーク勤務に向いている変形労働時間制のうちフレックスタイム制（労基法に拘らない）について適用が可能となります。

国家公務員においては、２０１６年4月より原則として全ての一般職の職員を対象にフレックスタイム制が拡充されています（※国家公務員の場合のフレックスタイム制は「勤務時間の割振りの特例」を指しています）。

地方公共団体においてもテレワークを導入している自治体も増えており、総務省も「地方公務員におけるダイバーシティ・働き方改革推進ガイドブック（令和2年3月）」を公表しその推進を図っています。

地方公務員のうち企業職員・単労職員を除く職員に対し、地方公務員法第58条第3項において①1カ月単位の変形労働時間制以外の変形労働時間制、②事業場外のみなし労働時間制、③専門業務型裁量労働時間制、④企画業務型裁量労働時間制、等の規定は適用しないと定められています。

したがいまして、地方公務員には労働基準法のフレックスタイム制が適用されないことに注意が必要です。

第5章

労務管理で気を付けたいこと

Q 5-1 テレワーク導入で就業規則変更が必要なケースとは？

テレワーク導入自体には就業規則の変更は必要ないとこれまで解説したとおりですが、変更が必要なケースももちろんあります。

まず、「就業規則に記載しなければならない事項」と「定めがあれば記載しなければならない事項」を確認しましょう。これらは、労働基準法第89条に定められています。

(1)絶対的必要記載事項（必ず記載しなければならない事項）

①始業及び終業の時刻、休憩時間、休日、休暇並びに交替制の場合には就業時転換に関する事項 ②賃金の決定、計算及び支払いの方法、賃金の締め切り及び支払いの時期並びに昇給に関する事項 ③退職に関する事項（解雇の事由を含む）

(2)相対的必要記載事項（定めがあれば記載しなければならない事項）

①退職手当に関する事項 ②臨時の賃金（賞与）、最低賃金額に関する事項 ③食費、作業用品などの負担に関する事項 ④安全衛生に関する事項 ⑤職業訓練に関する事項 ⑥

災害補償、業務外の傷病扶助に関する事項　⑦表彰、制裁に関する事項　⑧その他全労働者に適用される事項

テレワークを導入するにあたって、就業規則を変更するかどうかを検討する事項として「労働時間をどうするか」「費用負担をどうするか」と大きく分けるとこの２つの事項になります。

まず「労働時間」についてですが、厚生労働省のアンケート調査（「平成26年度テレワークモデル実証事業」）によれば、テレワーク導入企業と導入していない企業の双方で、割合の一番多いのが「原則の労働時間制」（定時定刻に始まって定時定刻に終わる労働時間制）となっています。多くの企業は、テレワークを導入したからといって労働時間制を変更したり、テレワークのために新たに別の労働時間制を導入していないことがわかります。

テレワーク導入企業における変形労働時間制の導入状況を見ると「フレックスタイム制」が一番多くなっています。これは、厚生労働省の「労働統計要覧」（平成30年度）では、変形労働時間制を採用している企業（60・２％）のうちフレックスタイム制が一番少ない（５・６％）ことからみてもテレワークに向いているといえます。

原則の労働時間制を採っている企業において、テレワーク導入についても原則の労働時間制で実施する場合は就業規則を変更することはありません。

なお、テレワークの頻度が高い場合に就業規則の変更を検討する事項としては「通勤交通費」があります。テレワークの頻度が高くなると通勤が少なくなるので通勤手当を廃止し、実費支給とすることが多いようです。この場合において給与規程の変更が必要となりますが、給与規程も就業規則の一部ですから就業規則の変更と同じように意見書の徴収と所轄労働基準監督署の届け出が必要になります。

次に費用負担についてですが、相対的必要記載事項の③に「食費、作業用品などの負担に関する事項」として、テレワークにかかる費用負担がある場合はその旨を就業規則に記載しなければなりません。これは、本書で何度も触れてきたとおりです。

考えられる負担としては、「モバイル勤務時における従業員個人の携帯電話・スマートフォンを会社業務に使用する場合の機器代」「通信費や在宅勤務時における水道光熱費・通信費」です。

東京都産業労働局（平成31年3月）「多様な働き方に関する実態調査（テレワーク）」の調

査データをみると、「【会社支給のスマートフォン】は、「一部部門で導入」が51・1%、「全社的に導入」が10・9%と6割以上が導入しているのに対し、「導入予定なし」が29・0%みられました。従業員規模別でみると、〈従業員300人以上〉の企業では「全社的に導入」(13・7%)、「一部部門で導入」(60・4%)があわせて約7割と多い」「【私物スマートフォンの業務利用】は、「全社的に導入」(4・9%)、「一部部門で導入」(24・7%)」と、両者を併せても3割を切っており、「導入予定なし」が64・6%と6割を上回っています。

従業員規模別でみると「〈従業員300人以上〉での導入率がやや低くなっている」となっていて、スマートフォンについては会社からの貸与が多く私物スマートフォンの業務利用は少ない結果となっています。タブレット端末についても同じような傾向がみられます。

就業規則へのテレワーク制度の記載の有無の調査結果は「就業規則へのテレワーク制度の記載の有無では、「記載がない」とする企業が約7割を占めています。従業員規模別にみると、〈従業員30－99人〉の企業では、「記載がない」と回答した企業が8割を超え、逆に〈従業員300人以上〉の企業では約半数が「記載がある」と回答している」となっています。

Q 5-2 労働時間管理をどう行うか？――労働基準法、労働安全衛生法から

労働時間管理の観点は「2つ」あります。ここではその基本に触れておきます。

第一は「労働基準法」に基づく観点です。労働基準法では第32条第1項において「使用者は、労働者に、休憩時間を除き一週間について四十時間を超えて、労働させてはならない」と定め、第2項で「一週間の各日については、労働者に、休憩時間を除き一日について八時間を超えて、労働させてはならない」としています。

この「1週40時間、1日8時間」の把握についての具体的な内容については、「労働時間の適正な把握のために使用者が講ずべき措置に関する基準（平成13年4月6日付け基発第339号）・平成29年1月改定」が発せられました。この通達では「自己申告制の不適正な運用」や「割増賃金の未払い」「過重な長時間労働」といった問題が生じているなど、使用者が労働時間を適切に管理していない状況もみられるとして労働時間の適正な把握のために使用者が講ずべき措置を具体的に示しています。

やや余談ですが、巷で「管理職は残業がつかない」とよく聞きます。本当に管理職は残業がつかないのでしょうか？　答えは「ＹＥＳ」なのですが、条件があります。労働基準法第41条に（労働時間等に関する規定の適用除外）の規定があり、「監督もしくは管理の地位にある者又は機密の事務を取り扱う者」について労働時間等の適用を除外しています。「管理職には残業がつかない」の管理職は「監督もしくは管理の地位にある者」を指しているのです。ただし、この取り扱いには注意が必要です。管理監督者であるかどうかは、以下の点を総合的にみて判断されます。⑴経営者と一体的立場で仕事をしていて重要な職務と権限が与えられていること、⑵出退勤や勤務日について自由裁量があること、⑶賃金や賞与などの処遇面で一般の従業員より明確かつ相当な差があること。

以上のように、残業代を払わなくてもいいのは、労働基準法に定められた「管理監督者」であって、「課長」「所長」などの役職だけで判断するものではありません。

第二は「労働安全衛生法」に基づく観点です。働き方改革で労働安全衛生法（以下「安衛法」といいます）が改正され、２０１９年４月より「労働時間の客観的な把握」が義務化されています（中小企業は２０２０年４月より）。

労働基準法に基づく労働時間の把握とどこが違うかですが、まず、適用対象の範囲が違います。労働基準法上の場合、「管理監督者」や「裁量労働制」の適用労働者、「事業場外労働のみなし労働時間制」の適用労働者は対象外ですが、安衛法に基づく労働時間の把握は「高度プロフェッショナル制度」の対象者以外の全ての労働者が対象になりますし、中小零細企業も適用対象になります。

また、安衛法に基づく「労働時間の把握」は法律の本文（第66条の8の3）に定められています。勤務労働時間管理を会社独自の方法ではなく、法律に定められた方法で行わなければならなくなったというのが重要なポイントです。具体的な方法は次のとおりです。

(1)原則として客観的な記録による把握が必要

従業員の労働時間の把握方法として、原則として、タイムカードやICカード、パソコンのログイン／ログオフ時間、使用者による現認など、客観的な記録により労働時間を確認し、記録する必要があります。

(2)例外的に自己申告による把握が認められる場合

労働者が業務に直行または直帰する場合で社外から勤怠管理システムにアクセスできない

など、やむを得ず客観的な方法により労働時間を把握できない場合には、例外的に「自己申告」による労働時間の把握も認められます。この場合、次のような手順が必要です。「①関係者に労働の実態を正しく記録して適正に自己申告するよう十分な説明を行う、②自己申告によって把握した労働時間が現実の労働時間と合っているか確認する、③自己申告の報告が、休憩や自主的な研修、教育訓練、学習等として労働時間ではないと報告されていても、実際には、使用者の指示により業務に従事している場合などは労働時間として扱わなければならないなど適正に行われているか確認する、④自己申告の労働時間に上限を設け上限を超える申告を認めないなどの運用をしてはならない、⑤社内通達や残業代に関する制度も労働者による適切な労働時間の申告を阻害していないか確認しなければならない」

この把握の目的は、長時間労働者に対して産業医などの医師による面接指導を確実に実施することです。事業者は、時間外・休日労働時間が1カ月あたり80時間を超えた労働者本人に対して、超えた時間に関する情報を速やかに通知しなければなりません。この通知についても、高度プロフェッショナル制度の対象労働者を除き、管理監督者、事業場外労働のみなし労働時間制の適用者を含めた全ての労働者が対象となります。

Q 5-3 フレックスタイム制を導入するときの留意点は？

フレックスタイム制とは、3カ月以内の一定期間（「清算期間」といいます）における総労働時間をあらかじめ定めておき、労働者はその枠内で各日の始業及び終業の時刻を自主的に決定し働く制度です。民間企業においては次の2点を満たしていればフレックスタイム制を導入することができます。

⑴就業規則等への規定

⑵労使協定で所定の事項を定めること

なお、労使協定で以下の事項を定める必要があります。

①対象となる労働者の範囲、②清算期間、③清算期間における総労働時間（清算期間における所定労働時間）、④標準となる一日の労働時間、⑤コアタイム（※任意）、⑥フレキシブルタイム（※任意）

コアタイムは、労働者が一日のうちで必ず働かなければならない時間帯です。必ず設けなければならないものではありませんが、コアタイムを設ける場合には、その時間帯の開始・終了の時刻を協定で定める必要があります。コアタイムを設けない「スーパーフレックス制」というのをよく聞きますが、この場合、「会議への出席を命令できない」「顧客の要請に応じた対応ができない」等の問題があります。

そこで、**「スーパーフレックス制」と「コアタイム制」のハイブリッド型をお勧めします。**

そもそもコアタイムの時間帯は労使協定で自由に定めることができますし、また、コアタイムを設ける日と設けない日や、あるいは日によってコアタイムの時間帯を異なる設定することができます。

コアタイムを部署や業務に合わせて細かな設定をすることで、時間や場所の制約がある程度の柔軟性を確保できます。例えば、月曜日の10時から12時までコアタイムを設定しこの時間帯に会議を実施し、火曜日から金曜日まではコアタイムを設定しないこともできます。

フレキシブルタイムは、労働者が自らの選択によって労働時間を決定することができる時間帯のことです。フレキシブルタイム中に勤務の中抜けをすることも可能です。

フレキシブルタイムも必ず設けなければならないものではありませんが、これを設ける場合には、その時間帯の開始・終了の時刻を協定で定める必要があります。業務が深夜時間帯に及ばないように、健康面の配慮からフレキシブルタイムを定めることも有効です。

なお、清算期間についてはフレックスタイム制に関する法改正（2019年4月施行）により清算期間の上限が「1カ月」から「3カ月」に延長されましたが、清算期間が1カ月を超える場合には、労使協定届を所轄の労働基準監督署長に届け出る必要があります。これに違反すると、罰則（30万円以下の罰金）が科せられることがありますので注意が必要です（※清算期間が1カ月以内の場合には届け出の必要はありません）。

ちなみに、国家公務員のフレックスタイム制については、1993年4月より、人事院規則にもとづき導入されましたが、P152〜153で触れたとおり、2016年4月より原則として全ての職員が利用できるようになりました。

ただし、国家公務員におけるフレックスタイム制は民間企業（労働基準法上）のフレックスタイム制と違い、各省各庁の長が公務の運営に支障がないと認める場合に、希望する職員からの申告を経て、勤務時間を割り振ることができるという制度です。

そして勤務時間の割り振りとは、希望する職員からの申告を考慮して、公務の運営に支障がない範囲で、各省各庁の長が行います。また、適切な公務運営を確保するため、職員が必ず勤務しないといけない時間帯（コアタイム）などが設定されています。なお、勤務時間の割り振り後においても、各省各庁の長は、職員から始業または終業の時刻について変更の申告があった場合は、勤務時間の割り振りを変更することができることとされています。

地方公務員のフレックスタイム制については、地方公務員法第58条第3項の規定により、労働基準法第32条の3の規定が適用除外となっていることから労働基準法によるフレックスタイム制の適用はできません。

しかし、国家公務員のフレックスタイム制にならって導入している自治体が見受けられますが、これはあくまでも労働基準法上のフレックスタイム制ではなく、職員が希望する単位期間（4週間）内の各日の始終業時刻を申告し、所属長は公務遂行上の支障がない限り、申告されたとおりに当該職員の始終業時刻を割り振り、その割り振りに従って勤務する、始終業時刻の変更制度になります。

Q 5-4 テレワーク時のみなし労働時間制の留意点は？

労働基準法上の労働時間とは使用者の指揮命令下に置かれている時間のことをいい、使用者の明示または黙示の指示により労働者が業務に従事する時間は労働時間にあたるとされ、作業服の着替えの時間やお客様を待っている手待ち時間、強制参加の研修・教育訓練の受講時間は労働時間とされます（「労働時間の適正な把握のために使用者が講ずべき措置に関するガイドライン」〈2017年1月20日策定〉）。

ただ、セールスの社員やメンテナンスのエンジニア等、顧客先を訪問して業務をするような働き方は、使用者の直接の指揮監督下になく、業務遂行方法が労働者の自由に任されている場合は「いつ労働した」のか「いつ休憩した」のか実態が把握し難い働き方といえます。

従来は施行規則において「労働者が出張、記事の取材その他事業場外で労働時間の全部又は一部を労働する場合で、労働時間を算定し難い場合は、通常の労働時間労働したものとみなす。但し、使用者が予め別段の指示をした場合はこの限りでない」と定められていました。この施行規則は、第三次産業の拡大や技術革新等に伴って、1987年に改正され労働基準法本文に規定（第38条の2）されました。

改正前の施行規則に定められていました「通常の労働時間（所定労働時間）労働したものとみなされた算定方法」はそのまま残し、追加の形で、通常の事業場外労働が所定労働時間を超えることとなるのが常態となっている場合においてはその超えた常態の労働時間がその日の労働時間とされる算定方法が加えられました。

「事業場外のみなし労働時間制」とは、事業場外で労働に従事し労働時間を算定し難い時は、所定労働時間を労働したものとみなす、あるいは当該業務を遂行するために、通常所定労働時間を超えて労働することが必要となる場合にはその通常必要となる時間（労使協定が締結されている場合は当該協定書で定める時間）を労働したものとみなす制度です。なお、「労働したものとみなされる時間」が法定労働時間を超える場合には、三六協定の締結、届け出及び時間外労働にかかる割増賃金の支払いが必要です。深夜・休日に労働した場合には、深夜・休日労働にかかる割増賃金の支払いが必要となります。

さて、現代では、急速に情報通信機器が発達し、労働者の多くがスマートフォンを持っている状態です。

2018年2月22日に、これまで本書でも何度も触れてきたテレワークガイドラインが策定されました。これは、2004年に発出された「情報通信機器を活用した在宅勤務の適切な導入及び実施のためのガイドライン」(「在宅勤務ガイドライン」)にモバイル勤務・サテライトオフィス勤務を含め、その範囲を広げリニューアルしたものです。

このテレワークガイドラインで**「みなし労働時間制」が適用されるか否かのポイントは、「スマートフォン等の情報通信機器がどのような状態になっているか」**によります。

極端なことを言えば外出時はスマートフォンの「電源を切っている」状態で管理監督者と同行していない場合で外回りの仕事をしているとみなし適用される可能性があります。

しかし、この「電源を切っている」状態であってもその日のスケジュールが管理されていればみなし労働時間制は適用されません。

テレワークガイドラインの具体的な条件は、次の「2つ」を満たした場合です。

①情報通信機器が、使用者の指示により常時通信可能な状態に置くこととされていないこと

②随時使用者の具体的な指示に基づいて業務を行っていないこと

「情報通信機器が、使用者の指示により常時通信可能な状態に置くこととされていないこと」とは、情報通信機器を通じた使用者の指示に即応する義務がない状態であることを指します。なお、この使用者の指示には黙示の指示を含みます。

また、「使用者の指示に即応する義務がない状態」とは、使用者が労働者に対して情報通信機器を用いて随時具体的指示を行うことが可能であり、かつ、使用者からの具体的な指示に備えて待機しつつ実作業を行っている状態、または手待ち状態で待機している状態にはないことを指します。

「具体的な指示」には、例えば、当該業務の目的、目標、期限等の基本的事項を指示することや、これら基本的事項について所要の変更の指示をすることは含まれません。

Q 5-5 社員が隠れてする闇残業（時間外、深夜または休日）を会社はどう扱えばいい？

時間外、深夜または休日（以下「時間外等」といいます）に労働を行わせる場合には、時間外・休日労働に係る三六協定の締結、届け出及び割増賃金の支払いが必要となります。

また、テレワークを行う労働者は、業務に従事した時間を日報等において記録し、使用者はそれをもって当該労働者に係る労働時間の状況の適切な把握に努めなければならないとしています。しかし、びっくりするようなことがテレワークガイドラインに示されています。

「事前許可制や事後届出制を採っている事業場で時間外等の労働について労働者からの事前申告がなかった場合又は事前に申告されたが許可を与えなかった場合であって、かつ、労働者から事後報告がなかった場合について、次の全てに該当する場合には、当該労働者の時間外等の労働は、使用者のいかなる関与もなしに行われたものであると評価できるため、労働基準法上の労働時間に該当しないものである」

使用者が知り得ない場合は残業に該当しないとしているのです。

ただし、これには次の条件があります。

①時間外等に労働することについて、使用者から強制されたり、義務付けられたりした事実がないこと

②当該労働者の当日の業務量が過大である場合や期限の設定が不適切である場合等、時間外等に労働せざるを得ないような使用者からの黙示の指揮命令があったと解し得る事情がないこと

③時間外等に当該労働者からメールが送信されていたり、時間外等に労働しなければ生み出し得ないような成果物が提出されたりしている等、時間外等に労働を行ったことが客観的に推測できるような事実がなく、使用者が時間外等の労働を知り得なかったこと

なお、「申告に上限時間が設けられている」「実績どおりに申告しないよう圧力がある」等の実態がある場合は認められないとしています。テレワークだからといって、時間管理がルーズにならないよう注意喚起していると解されます。

上司が強制的に過大な仕事を与え深夜のメールなどで部下の時間外労働に気付くはずの場合は、未申告でも労働時間になりますので、注意が必要です。

Q 5-6 テレワークなら給与を引き下げられるか？

テレワーク勤務の実態に応じて給与の見直しをすること、例えば通常勤務は8時間でテレワーク勤務は7時間とした場合に基本給を8分の7とする等は可能です。しかし、**労働時間が同じであるのに単に「テレワーク勤務だから」という理由で給与を引き下げることはできません。**

ところが筆者らは「テレワークなら給与を下げても大丈夫なのですね？」とよく質問を受けますし、実際にテレワーク時に給与を引き下げている会社の規程を見かけることもあります。そこにはこんな事情もあるようです。

一般社団法人日本テレワーク協会が厚生労働省からの受託により作成した「テレワーク勤務規程～作成の手引き～改訂版（2010年）」の巻末にある会社（K社）の「在宅勤務規程」見本が掲載されました。当時はまとまったテレワーク規程の見本が希有だったため、テレワークを導入している企業の多くは手っ取り早くK社の規程をモデルにしたと思われます。当時、このK社とほとんどそっくりのテレワーク規程をよく見ました。

K社の在宅勤務の対象者は「育児」と「介護」に限定されていて在宅勤務時の労働時間が短く設定されていたので、規程の給与の項に「給与＝勤務時間に応分下した給与として本給の80％を支給する」と記載されていました。

この規程を見本に、自社のテレワーク規程を作成した導入企業は「勤務時間に応分した給与」の部分を削除して「本給の80％」だけ残して作成したようで、ここから誤解が広がったようです。当時の導入時の相談に「テレワークなら基本給を下げられるのですね？」という質問がよくあり、そのたびに「下げられないこと」を説明し、手に持っておられる「テレワーク勤務規程～作成の手引き～改訂版（2010年）」のK社の規程見本の事情を説明し納得していただきました。

筆者は、「テレワーク勤務規程～作成の手引き～（2008年）」、「テレワーク勤務規程～作成の手引き～改訂版（2010年）」、「テレワークモデル就業規則～作成の手引き～（2017年）」の作成に携わりましたが、直近の作成のさいは手引きの巻末に「規程の全文見本」を掲載していただきました。これは前述のことがあったからです。

Q 5-7 派遣社員にテレワークをしてもらうときの注意点は?

2020年2月、厚生労働省より派遣業界団体はじめ各種団体へ「新型コロナウイルス感染症の拡大防止に向けた派遣労働者に係るテレワーク等の実施について(要請)」が行われました。この要請は「派遣労働者の雇用維持」も含め20年8月現在で8回にも及んでいます。

派遣労働者には、派遣先・派遣元に対し講ずべき措置が義務づけられています。また、派遣契約においても「就業場所」を明示しなければなりません。

この要請の中にも「派遣労働者においても積極的なテレワークの活用をお願いいたします」と示し、新型コロナウイルス感染症拡大防止の観点から労働者派遣の契約変更(就業場所等)について口頭で合意をして後日適当な時期に契約変更しても構わないという扱いも認められました。

2020年8月28日に厚生労働省より出された「派遣労働者に係るテレワークに関するQ&A」ではいくつか注意点があげられています。ここではそれを抜粋し、紹介しましょう。

問1－1　派遣労働者がテレワークにより就業を行う場合、労働者派遣契約は、どのように記載すればよいか。

【例1】派遣先の事業所に出社する就業を基本とし、必要に応じてテレワークにより就業する場合

●派遣先の事業所：○○株式会社○○営業所
就業の場所：○○株式会社○○営業所○○課○○係（〒・・・－・・・・○○県○○市○○　Tel ＊＊＊＊－＊＊＊＊）ただし、必要に応じて派遣労働者の自宅

【例2】テレワークによる就業を基本とし、必要が生じた場合（週1～2日程度）に派遣先の事業所に出社して就業する場合

●派遣先の事業所：○○株式会社○○営業所
就業の場所：派遣労働者の自宅　ただし、業務上の必要が生じた場合には、○○株式会社○○営業所○○課○○係での週1～2日程度の就業あり（〒・・・－・・・・○○県○○市○○○　Tel ＊＊＊＊－＊＊＊＊）

【例3】自宅に準じる場所（例えばサテライトオフィスや特定の場所）で就業する場合

●派遣先の事業所：○○株式会社○○支社（〒・・・－・・・・○○県○○市○○○　Tel＊＊＊＊－＊＊＊＊）
就業の場所：派遣先所有の所属事業場以外の会社専用施設（専用型オフィス）又は派遣先が契約（指定）している他会社所有の共用施設（共用型オフィス）のうち、派遣労働者が希望する場所

問1－2　派遣労働者がテレワークのみにより就業を行うことは可能か。

回答は「可能」としながらも、①自宅等の具体的な派遣就業の場所を記載すること、②派遣労働者と打合せを行う場合等に派遣先の事業所等で派遣就業を行う可能性がある場合には、必ずその旨を明記すること、③派遣元責任者及び派遣先責任者に迅速に連絡をとれるようになっていること、④テレワークガイドラインに基づいた雇用管理が必要であること、に留意し、⑤派遣先からの指揮命令等のコミュニケーション等が円滑に行われるかを派遣先及び派遣労働者に十分に確認することが望ましい、としています。

問1－3　派遣労働者が予定になかったテレワークにより就業を行う場合、労働者派遣契約の変更を行うことが必要か。

必ずしも対面で実施しなければならないものではないとしながらも、テレワークによっても必要な指揮命令をしながら業務遂行が可能かどうか、個別に検討が必要としています。

問１－４　派遣先での派遣労働者に対する指揮命令は必ず対面で実施しなければならないか。

派遣労働者のテレワークが労働者派遣契約に反せず適切に実施されているかどうか確認事項を例示した上で派遣労働者に対して自宅でテレワークを実施させるときは、就業場所は自宅となるが、派遣労働者のプライバシーにも配慮が必要であるので、例えば、電話やメール、ＷＥＢ面談等により就業状況を確認することができる場合には派遣労働者の自宅まで巡回する必要はないとしています。

問２－１　「派遣元事業主が講ずべき措置に関する指針（平成11年労働省告示第１３７号）」及び「派遣先が講ずべき措置に関する指針（平成11年労働省告示第１３８号）」では、定期的に派遣先が派遣労働者の就業場所を巡回することとしているが、派遣労働者が自宅でテレワークを実施する場合にも、自宅を巡回する必要があるか。

派遣労働者のテレワークが労働者派遣契約に反せず適切に実施されているかどうかの例示を示しながら派遣労働者に対して自宅でテレワークを実施させるときは、就業場所は自宅となるが、派遣労働者のプライバシーにも配慮が必要であるので、例えば、電話やメール、WEB面談等により就業状況を確認することができる場合には派遣労働者の自宅まで巡回する必要はないとしています。

問4　テレワークを行う場合に、派遣労働者の労働時間の把握について、派遣先はどのようにすればよいか。

派遣先はテレワークの場合にも、通常の取り扱いと同様、派遣先管理台帳に派遣就業をした日ごとの始業及び終業時刻並びに休憩時間等を記載し、派遣元事業主に通知することが必要とし、派遣元事業主は派遣先を通じて労働時間を把握するにあたり、テレワークガイドラインの取り扱いについて派遣先とよく認識を共有するとともに、テレワークの実施とあわせて、始業・終業時刻の変更等を行う場合は、就業規則に記載が必要となると示しています。

問6―1　派遣労働者が自宅等でテレワークを実施するためのPCやインターネット環境等の設備に係る費用について、派遣労働者側に負担させることはできるか。

まず、派遣労働者に一方的に負担を強いるようなテレワークの実施は望ましくないものであることに留意が必要です。仮に、派遣労働者に対してテレワークに要する機器等の費用負担をさせようとする場合には、あらかじめ労使で十分に話し合い、当該事項について派遣元事業主の就業規則に規定する必要があるとともに、テレワークによる労働者派遣に係る就業条件の明示の際に併せて派遣労働者に説明をしておくことが望ましいとされています。

なお、トラブル防止の観点から、労働者派遣契約において、派遣元、派遣先の間の費用負担の在り方について、あらかじめ定めておくことが望ましいと示しています。

問6－2　テレワークによる職場外での就業にあたり、情報セキュリティに係る問題が発生した場合に、どのように責任を負うこととなるか。

万一情報セキュリティに係る問題が発生した場合の責任の所在については、予め派遣元事業主と派遣先でよく話し合った上で、労働者派遣契約に規定することが望ましいものとしています。なお、テレワークを行う上でのセキュリティ対策に係る教育については、労働者派遣法第40条第2項に規定する業務の遂行に必要な能力を付与するためのものとして、派遣先において実施することや、派遣先に関わらず必要となるものは、雇入れ時の安全衛生教育等と合わせて、雇用主である派遣元事業主において実施することが考えられるとしています。

Q 5-8 「半日テレワーク」、思わぬ有効活用法がある？

部分在宅勤務時における自宅とオフィスとの移動時間が、労働時間にあたるのかどうかについては、p24〜にて、解説しました。しかし、実際には、「その移動時間が使用者の指揮命令下に置かれている時間であるか否か」というのが判断しにくい局面も予想されます。特に交通事故などの災害に遭遇した場合、労働災害や通勤災害の対象になり得るのかどうかについてなど事例が希有で、個別具体的に判断されることに加え、コスト面でも移動時間や交通費がかかることから、「一部テレワーク」や「半日テレワーク」を禁止、または推奨していない企業も見受けられます。

また「そもそもテレワークでできる業務がない」という理由で在宅勤務の導入自体に躊躇しておられる企業もまだあります。あるいは少し別方面の悩みになりますが、「有給休暇の取得率が上がらない」と悩んでおられる企業は意外に多いものです。

2019年4月より大企業・中小企業にかかわらず「1年間について5日」の年次有給休

図表 5-1　働き方改革関連法に対応するために

有休取得対策「半休＋半テレ」 **NSR提言！**

午前テレワーク	午後半日有給休暇	自由時間
午前テレワーク・午前半日休暇も可能	PTA	
月に半日のスモールスタートなら誰でもテレワーク可能。遠隔操作やコミュニケーションに慣れ**BCP対策実現**	「子どものPTA行事」 「地域の自治会行事」 「役所や行政の手続き」 など半日程度で済む用事がある日	自由時間の確保 リフレッシュ 社会生活／ 家庭生活／ 個人生活の充実

半日テレワーク ➡ **終日テレワーク** ➡ **連続テレワーク** ➡ **BCP対策**

✖月に1回＝6日 ➡ **年休5日の取得義務達成**

通勤ロス解消 ➡ **ワークライフバランスの実現**
通勤疲労の軽減

暇を取得させなければならなくなり、これを怠ると労働基準法違反となり30万円の罰金（一人について一罰）が科せられますが、会社が有給の取得勧奨をしても社員が進んで有給をとりたがらなかったり業務の忙しさから後回しになったりと、取得率を上げることが難しい企業は少なくないようです。

そこで、これらの悩みを一挙に解決する方法として筆者がお勧めしているのは、半日単位の年次有給休暇（以下「半休」といいます）と半日テレワーク（以下「半テレ」といいます）を組み合わせた「半休・半テレ」です。この**「半休・半テレ」を月に1回以上実施していただくと、年間6日の年次有給休暇の取得が無理なく実現**します（図表5－1）。

この「半休・半テレ」のメリットはまず、導入のハードルの低さにあります。月に半日であれば、どんな職種でもいますぐテレワークでできる仕事がありますし、仮にない場合であっても、自己啓発の時間にあてるなど、普段オフィスで集中してできないことや業務効率化に向けた訓練等が可能です。

またこの「半休・半テレ」は無理のないテレワークへの移行、働き方の見直しにも役立ちます。月に1回半日テレワークをすることは、無理なくテレワークに慣れていきながら、月1回、週1回以上のテレワークに拡大することができます。

さらに、「半休・半テレ」の取り組みは、BCP対策にも役立ちます（BCP＝business continuity plan、災害や事故などが発生した場合に、企業や行政組織が基幹事業を継続したり、早期に事業を再開するために策定する行動計画）。

半日のテレワークができるなら、システム的には1日でも1週間でも可能であることがわかってくることが多いですし、社員も月に半日でもテレワークに慣れておけば、緊急避難的にテレワークを行わなければならなくなってもスムーズに実施できるからです。

2020年4月、新型コロナウイルス感染拡大の防止のために政府は「緊急事態宣言」を発令しました。これを受けて、多くの企業が「在宅勤務」を実施することになりました。

その後、2020年5月に新型コロナウイルス感染症の緊急事態宣言が解除になった後、「半休・半テレ」をご提案した企業の担当者から「少しでもテレワークをしていたので、緊急事態宣言発令時すぐに対応できて助かりました」と感謝のメールが届きました。

また、テレワークに消極的だった企業でも実際に在宅勤務をすると意外と業務することができることがわかり積極的に取り組んでおられる事例がありました。

なお、半休を取得させるには、就業規則にその旨の規定が必要になりますので、定めがない場合は就業規則の改正が必要になります。

また、「半日テレワーク」を実施する場合でも、セキュリティ対策や労働時間管理等は通常のテレワーク導入と同様に行わなければなりません。

Q 5-9 テレワーク時の労働災害にどう対応するか?

業務災害とは、労働者が業務を原因として被った負傷、疾病または死亡(以下「傷病等」といいます)であって、業務災害と認められるためには、業務と傷病等との間に一定の因果関係があることが必要なため、労働者が、私用または業務を逸脱する恣意的行為を行ったこと等による傷病等は、業務災害とは認められません。通勤災害とは、労働者が就業に関し、住居と就業の場所の往復等を合理的な経路及び方法で行うこと等によって被った傷病等をいい、モバイルワークやサテライトオフィス勤務では、通勤災害が認められる場合も考えられます。

テレワーク中に被った災害について通常の就業者と同様に労働者災害補償保険法の適用を受け、業務災害または通勤災害に関する保険給付を受けることができます。

テレワークガイドラインではテレワーク中の労働災害について次のように示しています。

「テレワークを行う労働者については、事業場における勤務と同様、労働基準法に基づき、使用者が労働災害に対する補償責任を負うことから、労働契約に基づいて事業主の支配下にあることによって生じたテレワークにおける災害は、業務上の災害として労災保険給付の対象となる。ただし、私的行為等業務以外が原因であるものについては、業務上の災害とは認められない。在宅勤務を行っている労働者等、テレワークを行う労働者については、この点を十分理解していない可能性もあるため、使用者はこの点を十分周知することが望ましい」

業務上災害あるいは通勤災害も認定は所轄の労働基準監督署長が行います。テレワーク中に発生した業務上災害で労災が認定された具体的なケースに、以下の事例があります。

「自宅で所定労働時間にパソコン業務を行っていたが、トイレに行くため作業場所を離席した後、作業場所に戻り椅子に座ろうとして転倒した事案。これは、業務行為に付随する行為に起因して災害が発生しており、私的行為によるものとも認められないため、業務災害と認められる」（厚生労働省「テレワーク導入のための労務管理等Q&A集」）

テレワーク中に災害が発生した場合は、速やかに報告させることが重要で、時間が経過すると、記憶が曖昧になったり、時系列のつじつまが合わなかったりします。報告の際には、「私的行為中でなかったかどうか」を確かめておくことが大切です。

Q 5-10 テレワークの労働安全衛生で気を付けることは?

テレワークガイドラインで示している、「労働安全衛生法の適用及び留意点」を整理すると次のようになります。

まず「安全衛生関係法令の適用」については、「過重労働対策」と「メンタルヘルス対策」を含む健康確保のための措置を講じる必要があるとしています。

これらの具体的な措置の内容として、①必要な健康診断とその結果等を受けた措置、②長時間労働者に対する医師による面接指導とその結果等を受けた措置及び面接指導の適切な実施のための時間外・休日労働時間の算定と産業医への情報提供、③ストレスチェックとその結果等を受けた措置等の実施により、テレワークを行う労働者の健康確保を図ることが重要であるとしています。

厚生労働省は「労働者の心の健康の保持増進のための指針」(メンタルヘルス指針、平成18年3月策定、平成27年11月30日改正)を定め、職場におけるメンタルヘルス対策を推進しています。事業者は、自らがストレスチェック制度を含めた事業場におけるメンタルヘルスケアを積極的に推進することを表明するとともに、衛生委員会等において十分調査審議を行い、「心の健康づくり計画」やストレスチェック制度の実施方法等に関する規程を策定する必要があります。

テレワークガイドラインでは、当該計画において、テレワークを行う労働者に対するメンタルヘルス対策についても衛生委員会等で調査審議の上で記載し、これに基づき取り組むことが望ましいと示しています。

また、労働者を雇い入れたときまたは労働者の作業内容を変更したときは、必要な安全衛生教育を行う等関係法令を遵守する必要があるとし、テレワークを行う作業場が、自宅等の事業者が業務のために提供している作業場以外である場合には、事務所衛生基準規則（昭和47年9月30日労働省令第43号）、労働安全衛生規則及び情報機器ガイドライン（P95）の衛生基準と同等の作業環境となるよう、テレワークを行う労働者に助言等を行うことが望ましいと示していることに注意が必要です。

その他印刷に要する費用、事務用品代、電話料金等については、使途明細を添付の上会社に請求することができます。

（サテライトオフィス勤務時の費用負担）

第29条　サテライトオフィス勤務にかかる利用料及びその他の諸経費について現金支払いが必要な場合は、いったん立て替えて支払い、明細の記載した領収証等を会社に提出し精算するものとします。

【第11章　その他】

（テレワーク勤務者の教育訓練）

第30条　会社は、テレワーク勤務者に対してテレワークに必要な知識、技能を高め、業務遂行の推進を図るため必要な教育訓練を行います。

2　前項に定めるほか、メインオフィス勤務時に受講できた教育や職場内訓練が受けられない代償としてリモート研修あるいは外部研修を実施します。

3　テレワーク勤務者は、会社から教育訓練を受講するよう指示された場合には、特段の事由がない限り指示された教育訓練を受けなければなりません。

（テレワーク勤務時の業務災害等）

第31条　テレワーク勤務者がテレワーク勤務中に災害に遭ったときは、就業規則第〇条の定めるところによります。

（安全衛生）

第32条　会社は、テレワーク勤務者の安全衛生の確保及び改善を図るため必要な措置を講じます。

2　テレワーク勤務者は、安全衛生に関する法令等を守り、会社と協力して労働災害の防止に努めなければなりません。

1. 本規程は、令和〇年〇月〇日より施行します。

【第9章　テレワーク時の給与等】

（基本給）

第25条　テレワーク勤務者の基本給については、実施頻度の多寡にかかわらず原則変更しません。

2　前項にかかわらず、一定の期間について連続して在宅勤務をする場合であって所定労働時間を短くする場合には、その短くなった時間の割合に応じて基本給等を見直すものとします。

（通勤手当）

第26条　テレワーク勤務者の通勤手当については、実施頻度により通勤定期券相当額か往復に要する通勤交通費の実費のいずれかの方法によるものとします。

2　前項の目安として通勤定期券額を往復に要する運賃額を除して得た数がその月の出勤見込み日数を上回る場合は実質精算、下回る場合は通勤定期券とします。

【第10章　テレワーク勤務時の費用負担】

（テレワーク勤務時の費用負担）

第27条　第17条第2項により自己所有の機器利用を許可された場合における機器代金等については、テレワーク勤務者の負担とします。

（在宅勤務時の費用負担）

第28条　在宅勤務実施に伴い通信回線等の初期工事料や回線設置料等を支出した場合は、会社に請求することができます。モデム等の通信機器、通信回線使用料は在宅勤務者の負担とします。

2　在宅勤務時における、水道光熱費、トイレットペーパー等消耗品（以下「在宅勤務時の水道光熱費等」といいます。）については労使協定で定めた額を在宅勤務補助費として補助します。なお、在宅勤務補助費を超える費用については従業員の負担とします。

3　業務上必要な郵便代、プリンタのトナー代、コピー代、

(1) 電話
(2) 電子メール
(3) 勤務管理ツール

（テレワーク勤務時の作業報告）

第20条　テレワーク勤務時においてもメインオフィス勤務と同じ方法で当日の作業内容を報告しなければなりません。

【第8章　テレワーク勤務時の労働時間等】

（テレワーク勤務時の労働時間）

第21条　テレワーク勤務者の始業時刻・終業時刻・休憩時間については、就業規則第○条に定めるとおりとします。

（テレワーク勤務時の休日）

第22条　テレワーク勤務時の休日については、就業規則第○条の定めによります。

（テレワーク勤務時の欠勤、遅刻、早退・業務の一時中断）

第23条　テレワーク勤務時に欠勤、遅刻、早退または勤務時間中に私用のために勤務を一時中断する場合は、就業規則に則って手続をしなければいけません。なお、業務の一時中断において、育児及び介護の事由による育介等在宅勤務の場合は事前の許可は不要とし、業務報告書においてその中断した時間を報告して下さい。

2　前項の欠勤、遅刻、早退、私用外出の賃金については給与規程第○条によります。

（テレワーク勤務時の時間外および休日勤務）

第24条　テレワーク勤務時の時間外労働、休日労働及び深夜労働はメインオフィス勤務時と同じです。

2　前項による時間外、休日及び深夜の労働については、給与規程に基づき、時間外勤務手当、休日勤務手当及び深夜勤務手当を支給します。

(1)　サテライトオフィスに定められたルールがある場合はそのルールに従って勤務して下さい。
(2)　専用型サテライトオフィスに施設管理者が常駐している場合は、その施設管理者の指示あるいは指導や注意があった場合は、これに従って下さい。
(3)　専用型サテライトオフィス勤務時は第13条第2項および第3項を準用します。
(4)　共用型サテライトオフィス勤務時において離席する際はノートパソコン等携行品をロッカーに預ける等盗難防止に最大の注意をしなければいけません。

【第6章　テレワーク勤務時の情報機器の取扱い】

(パソコン・情報通信機器・ソフト等)

第17条　会社は、次に定めるもののほかテレワーク勤務者が業務に必要とするパソコン、プリンタ等の情報通信機器、ソフト、およびこれらに類する物を貸与します。

2　会社は、テレワーク勤務者が希望する場合であって、セキュリティや仕様等社内基準を満たした場合において、テレワーク勤務者が所有する機器を利用することができるものとします。

(パソコン等の管理)

第18条　テレワーク勤務者は別に定める「パソコン管理規程」を遵守し、パソコン及び附属機器類を適正に管理しなければなりません。

2　前条第2項で、自己所有のパソコン等の使用を認められた場合においても、会社が定める「パソコン管理規程」に準じて適正な管理をしなければなりません。

【第7章　テレワーク勤務時の勤務ルール】

(テレワーク勤務時の出退勤)

第19条　テレワーク勤務時は勤務の開始及び終了について次のいずれかの方法により報告しなければなりません。

方法で保管・管理しなければならないこと。

(6) テレワーク勤務の実施に当たっては、会社情報の取扱いに関し、セキュリティガイドライン及び関連規程類を遵守しなければなりません。

（在宅勤務時の服務規律［個別事項］）

第13条　第12条に定める服務規律［共通事項］のほか、在宅勤務時は次の事項を遵守しなければなりません。

(1) 会社から承認を受けた場所以外で勤務してはなりません。

(2) 在宅勤務中に席を離れる場合は、パソコン画面を閉じる等同居者を含む第三者に対し、情報の漏えい防止を徹底しなければなりません。

(3) 短時間であっても離席する際には必ずパソコンをロックし、一定時間経過後に自動ロック（スリープ）となる機能を必ず有効にしなければなりません。

（モバイル勤務時の服務規律［個別事項］）

第14条　第12条に定める服務規律［共通事項］のほか、モバイル勤務時は次の事項を遵守しなければなりません。

(1) 歩きながらのスマートフォン・携帯電話・モバイル端末の操作をしてはなりません。

(2) 施設管理者が「立ち入り禁止」あるいは「通話禁止」としている場所で業務をしてはなりません。

(3) 情報が漏洩する恐れのある場所でのスマートフォン・携帯電話・モバイル端末の操作、通話等は禁止します。

(4) 通信機能を備えていない通信機器については、会社貸与のモバイルルーターあるいは会社貸与の通信機器によるテザリングで通信を行い、無料Wi-Fiについては会社が認めたもの以外は接続を禁止します。

（サテライトオフィス勤務時の服務規律［個別事項］）

第16条　第12条に定める服務規律［共通事項］のほか、サテライトオフィス勤務時は次の事項を遵守しなければなりません。

利用するルールは次のとおりとします。

⑴　職場の全従業員（休職中などの従業員を除きます。以下同じです。）がモバイル勤務する予定と利用内容を知り得る状況になっていること。

（サテライトオフィス勤務の利用ルール）

第11条　第6条により承認を受けた従業員がサテライトオフィス勤務を利用するルールは次のとおりとします。

⑴　職場の全従業員（休職中などの従業員を除きます。以下同じです。）がサテライトオフィス勤務する予定と利用内容を知り得る状況になっていること。

⑵　オフィス勤務の利用が連続1週間を超える場合は3日前、連続1か月を超える場合は1週間前に提出して下さい。なお、連続して利用する場合においては所属の勤務態勢により利用の時期あるいは期間の変更を求めることがあります。

【第5章　テレワーク勤務時の服務規律等】

（テレワーク勤務時の服務規律［共通事項］）

第12条　テレワーク勤務者は、就業規則に定める服務規律のほか、次に掲げる遵守事項を遵守しなければなりません。

⑴　情報通信機器にはパスワードを設定し、パスワードが第三者に漏洩することのないよう厳重に管理すること。

⑵　情報通信機器が壊れないように丁寧に取り扱うこと。

⑶　テレワーク勤務中は業務に専念すること。

⑷　テレワーク勤務の際に所定の手続きに従って持ち出した会社の情報（以下「持ち出し情報」という。）及び作成した成果物を第三者がパソコンのディスプレイ画面を閲覧、撮影、複写等されないよう最大の注意を払うこと。

⑸　持ち出し情報及び成果物は紛失、毀損しないように丁寧に取扱い、セキュリティガイドラインに準じた確実な

【第3章　業務上の事由によるサテライトオフィス勤務】

（サテライトオフィス勤務の業務命令）

第7条　会社は従業員に対してサテライトオフィス勤務を命じることができるものとします。

2　従業員は前項の命令について、正当な理由がなければ拒むことができません。

【第4章　テレワーク勤務の利用ルール】

（一般在宅勤務の利用ルール）

第8条　第4条により承認を受けた従業員が一般在宅勤務を利用する場合のルールは次のとおりとします。

⑴　在宅勤務を利用する場合は、前日までに勤務カレンダーに登録し所属長に報告して下さい。

⑵　在宅勤務の連続利用は原則認めません。ただし、業務上の必要がある場合はその旨所属長に申し出て連続利用の承認を得て下さい。

2　会社は、在宅勤務中であっても業務の都合により出社を命じることがあります。

（育介等在宅勤務の利用ルール）

第9条　第4条により承認を受けた従業員が育介等在宅勤務を利用するルールは次のとおりとします。

⑴　育介等在宅勤務を希望する1か月前までに、所定の申出書に事由、希望する期間等の必要事項を記載して所属長に提出し承認を得て下さい。

⑵　前号の希望する期間は業務の都合等により変更していただくことがあります。

2　会社は育介等在宅勤務者に対し業務上の必要性並びに健康確保措置等の事由で出社要請をすることがあります。この場合、正当な理由がなければ出社を拒んではなりません。

（モバイル勤務の利用ルール）

第10条　第5条により承認を受けた従業員がモバイル勤務を

(3)　就業規則及び本規程に定める服務規律、情報セキュリティに関する諸規程を遵守できること。
(4)　日常業務において業務遂行能力に支障がないと認められること。
(5)　情報通信機器の操作に支障がないと認められること。
(6)　所属長が承認していること。

2　前項各号の条件を満たさないと認めた場合はテレワーク勤務の承認を取り消すことがあります。

（在宅勤務の承認条件［個別事項］）

第4条　第3条に定める承認条件のほか在宅勤務者の承認条件は次のとおりとします。

(1)　自宅の執務環境が在宅勤務に支障がないと認められること。
(2)　自宅のセキュリティ環境が在宅勤務に支障がないと認められること。
(3)　家族の理解が得られていること。
(4)　在宅勤務時の服務規律を理解し遵守できること。

2　前項各号の条件に変更があった場合は速やかに届出して下さい。

（モバイル勤務の承認条件［個別事項］）

第5条　第3条に定める承認条件のほかモバイル勤務者の承認条件は次のとおりとします。

(1)　モバイル勤務時の服務規律を理解し遵守できること。

（サテライトオフィス勤務の承認条件［個別事項］）

第6条　第3条に定める承認条件のほかサテライトオフィス勤務者の承認条件は次のとおりとします。

(1)　通勤時間の短縮あるいは業務の効率化が認められること。
(2)　サテライトオフィス勤務時の服務規律を理解し遵守できること。

業員をいいます。

③ 「育介等在宅勤務」とは、育児・家族の介護・自身の病気のため在宅勤務することをいいます。

④ 「一般在宅勤務」とは、③以外の通常業務に従事する在宅勤務をいいます。

(3) 「モバイル勤務」とは、在宅勤務及びサテライトオフィス勤務以外の会社が許可した場所で勤務することをいいます。

① 「モバイル勤務者」とは、会社が許可した場所（モバイル勤務時の服務規律［個別事項］に定める事項を満たした場所）においてテレワーク勤務する従業員をいいます。

(4) 「サテライトオフィス勤務」とは、次に定めるサテライトオフィスにおいて勤務することをいいます。

① 「専用型サテライトオフィス」とは、会社が所有しているサテライトオフィスをいいます。

② 「共用型サテライトオフィス」とは、テレワークセンター等のテレワーク用に設備を備え、かつワークスペースの提供を目的としているオフィスであって、会社の従業員以外の者が混在しているオフィスをいいます。

(5) 「サテライトオフィス勤務者」とは、①または②の場所において勤務する従業員をいいます。

【第2章　テレワーク勤務が認められる従業員の条件】

（テレワーク勤務の承認条件［共通事項］）

第3条　テレワーク勤務の対象者は、就業規則第○条に規定する全従業員であって次の各号の条件をすべて満たし、かつ在宅勤務、モバイル勤務、サテライト勤務の承認条件を満たした者とします。

(1) テレワーク勤務を希望していること。

(2) 試用期間あるいは人事異動後3か月を経過していること。

巻末付録　ハイブリッド型テレワーク勤務規程

サンプルとしてお使いいただけるよう、在宅勤務、モバイル勤務、サテライトオフィス勤務の全てのテレワーク勤務形態に対応可能なハイブリッド型の規程を書き下ろしました。また、本書で解説した内容も盛り込んでおりますので参考にして下さい。

【第1章　総則】

（テレワーク導入の目的）

第1条　株式会社○○○○（以下、「会社」といいます。）に勤務する従業員が所属する部署の業務遂行場所（以下「所属オフィス」といいます。）から離れて情報通信機器を利用して働く業務スタイル（以下本規程において「テレワーク」といいます。）を次の目的で導入します。

(1)　従業員の通勤時間の削減により身体への負担を軽減するため。

(2)　人材の確保と大切な従業員の長期雇用を実現するため。

2　前項の目的は、従業員のニーズと社会情勢の変化により見直すことがあります。

（用語の定義）

第2条　この規程で使用する用語の定義は次のとおりとします。

(1)　「メインオフィス」とは、人事発令により命じられた所属オフィスの中で専ら業務に従事する勤務場所をいいます。

(2)　「在宅勤務」とは、従業員の自宅及び自宅に準ずる住居において勤務することをいいます。

①　「自宅に準ずる住居」とは要介護認定を受けた家族の住居や育児の援助元家族の住居をいいます。

②　「在宅勤務者」とは、①の場所において勤務する従

著者略歴

武田 かおり（たけだ・かおり）

社会保険労務士、社会保険労務士法人NSRテレワークスタイル推進室CWO。2004年社会保険労務士試験合格。08年厚生労働省委託事業にてテレワーク専門相談員就任。一般社団法人日本テレワーク協会客員研究員。総務省地域情報化アドバイザー。日本テレワーク学会会員。

中島 康之（なかじま・やすゆき）

特定社会保険労務士、社会保険労務士法人NSR代表。1992年社会保険労務士試験合格。93年開業登録、2003年事務所を法人組織化。元全国社会保険労務士会連合会理事。元大阪府社会保険労務士会副会長。一般社団法人日本テレワーク協会アドバイザー。日本テレワーク学会会員。

日経文庫 1427

Q&A いまさら聞けないテレワークの常識

2020年10月15日　1版1刷

著者　武田 かおり、中島 康之

発行者　白石 賢

発　行　日経BP
日本経済新聞出版本部

発　売　日経BPマーケティング
〒105-8308　東京都港区虎ノ門4-3-12

装幀　next door design
組版　マーリンクレイン
印刷・製本　シナノ印刷

ISBN978-4-532-11427-5
Printed in Japan